Ilse Gräfin von Bredow
Das Hörgerät im Azaleentopf

PIPER

Zu diesem Buch

Das Alter kommt früher, als man glaubt, und später, als
man denkt! Ilse Gräfin von Bredow schreibt anschaulich
und mit bissigem Witz neue Geschichten und heitere
Betrachtungen rund um das Thema Alter. Trotz zuneh-
mender gesundheitlicher Beschwerden, die sich naturgemäß im Alter verstärken, ist die bald neunzigjährige
Autorin der Meinung, es gebe auch Vorteile. Zwar hat
der inzwischen launisch und unberechenbar gewordene
Körper nun das Kommando, aber vieles, was man früher
schon nicht wusste, lässt sich jetzt gut mit dem »Gedächtnisschwund« tarnen: Ja, ja, die Akropolis, überhaupt ein wundervolles Land, dieses Spanien … Außerdem rät die Gräfin: »Machen Sie sich, vor allem wenn
Sie unterwegs sind, älter. Benutzen Sie dazu die magi-
sche Zahl hundert. Dann wird man Ihnen sofort den
Vortritt lassen, und Respekt sowie Bewunderung sind
Ihnen sicher.«

Ilse Gräfin von Bredow wurde 1922 in Teichenau/Schle-
sien geboren. Sie wuchs im Forsthaus von Lochow in der
märkischen Heide auf und besuchte später ein Internat.
Während des Krieges war sie im Arbeitsdienst und
musste Kriegshilfsdienst leisten. Seit Anfang der fünfzi-
ger Jahre lebt Gräfin von Bredow als Journalistin und
Schriftstellerin in Hamburg.

Ilse Gräfin von Bredow

Das Hörgerät
im Azaleentopf

Piper München Zürich

Mehr über unsere Autoren und Bücher:
www.piper.de

Von Ilse Gräfin von Bredow liegen bei Piper vor:
Kartoffeln mit Stippe
Willst du glücklich sein im Leben
Ein Fräulein von und zu
Familienbande
Die Küche meiner Kindheit
Der Glückspilz
Adel vom Feinsten
Das Hörgerät im Azaleentopf

Ungekürzte Taschenbuchausgabe
Piper Verlag GmbH, München
1. Auflage April 2011
3. Auflage September 2011
© 2009 Scherz Verlag, ein Unternehmen
der S. Fischer Verlag GmbH, Frankfurt am Main
Umschlaggestaltung: semper smile, München
Umschlagabbildung: Oliver Wetter
Satz: CPI – Ebner & Spiegel, Ulm
Papier: Munken Print von Arctic Paper Munkedals AB, Schweden
Druck und Bindung: CPI – Clausen & Bosse, Leck
Printed in Germany   ISBN 978-3-492-25950-7

Inhalt

Altes Eisen 7

Die kalte Pracht 19

Wie in alten Zeiten 29

Von der Wiege bis zur Bahre 43

Arm dran 51

Auf der Suche 61

Nachbarin, Euer Fläschchen 71

Lebertran und Ballistol 79

Wo ein Wille ist 91

Siehste 99

Hilf dir selbst 107

Gewusst wie 117

Die Großeltern 131

Abschied 141

Hast du schon gehört 151

Die Tagesmutter 163

Gerümpel 183

Der Aufstand 195

Nachwort 211

Altes Eisen

Ab wann gehört man eigentlich dazu? Als Berufstätiger in manchen Branchen schon ab fünfzig, und bei der Agentur für Arbeit wird man bereits mit vierzig als schwer vermittelbar eingestuft. Allerdings sind für die Wirtschaft auch die älteren Jahrgänge, solange sie fleißig konsumieren, noch einigermaßen rentabel. Aber wenn unsere Politiker mit einer stetig anwachsenden Zahl von Mitbürgern zwischen achtzig und hundert konfrontiert werden, möchten sie sich am liebsten die Decke über den Kopf ziehen und murmeln: »O Gott, die Kosten, die Kosten!« Und unser durchaus die Macht genießender Altbundespräsident, selbst nicht mehr der Jüngste, finanziell gut gepolstert und mit jungem Glück an seiner Seite, sieht das Problem hoch politisch und spricht wie gewohnt markig aus, was für ihn Sache ist: »In unserer Demokratie bekommen die Alten zu viel Macht.«

Eins lässt sich jedenfalls zum Thema Alter sagen: Es kommt früher, als man denkt, und später, als man glaubt. Letzteres gilt allerdings überwiegend für die Herren, besonders die in meinem Alter, die bekannterweise kriegsbedingt in der Minderzahl sind.

Bei diesem Thema fällt mir jedes Mal die Geschichte eines Wildkaninchenforschers ein, in der ein Karnickelbock die Hauptrolle spielte. Dieses Tier war, wie man heute sagen würde, ein Loser. Seine Mutter hatte ihm, aus welchen Gründen auch immer, ein Ohr abgeknabbert, und auf einem Auge war er blind. Ausgeschlossen von der Karnickelgemeinschaft kümmerte er traurig vor sich hin und war so ängstlich, dass er bereits vor Entsetzen quäkte, wenn ihm eine Kastanie auf den Rücken fiel. Doch dann kam für ihn die große Stunde: Eine Seuche dezimierte den Karnickelstamm auf ein Minimum und raffte vor allem die Karnickelmännchen dahin. Übrig blieb ein Häufchen klein, und der sich bereits jenseits der besten Jahre befindliche Loser wurde plötzlich von den Damen umworben, und man machte ihm respektvoll Platz, wenn er auf eine Stelle saftigen Grases mehr zuhumpelte als hoppelte, denn inzwischen war ihm auch noch ein Bein verloren gegangen.

Wie man sieht, haben also Männer, häufiger als Frauen, bis ins hohe Alter noch eine Chance, dem »alten Eisen« mit einer neuen Partnerin zu entkommen, wie es sich gelegentlich ja auch in den Seniorenheimen zeigt. Da ist der Mann noch was wert und leidet eher unter allzu großer weiblicher Fürsorge. Etwas, was für uns alte Frauen umgekehrt weniger zu befürchten ist. Und so ist auch nur die Meldung »Neunundneunzigjährige heiratet Fünfundsechzigjährigen« in den Medien eine Schlagzeile wert.

Aber ob männlich oder weiblich, eins haben wir im Alter gemeinsam: Wir fühlen uns schnell unzufrieden und immer »irgendwie«: »Irgendwie klappt das alles nicht mehr so« – »Irgendwie habe ich das Gefühl, ich müsste mal zum Arzt.« Jetzt bestimmt der Körper das Tempo, und das nach Lust und Laune. Man sollte ihn also möglichst nicht dazu treiben, Dinge zu tun, die schon einem Dreißigjährigen schwerfallen, wie hohe Berge zu bezwingen oder an einem Marathonlauf teilzunehmen.

Wann eigentlich gehört man denn nun wirklich zum alten Eisen? Hier einige nicht immer ganz ernst gemeinte Hinweise. Man gehört dazu,

- wenn einen die Bauarbeiter nicht mehr mit Mädchen, sondern mit junge Frau anreden;
- wenn man aufsteht und der Tag ist rum;
- wenn im Bus junge Leute nicht – wie üblich – angestrengt aus dem Fenster sehen, während man einen Platz sucht, und sich schließlich nur einer von ihnen zögernd erhebt, sondern nun gleich ein halbes Dutzend;
- wenn der Tischherr sich freundlich anbietet, einem das Fleisch zu schneiden;
- wenn unsere alltäglichen wie sonstigen Tätigkeiten als »Beschäftigung« oder »Aufgabe« bezeichnet werden;
- wenn junge Frauen einem nicht nur in den Mantel helfen, sondern ihn auch fürsorglich zuknöpfen;
- wenn freundliche Menschen an der Ampel auf das Männchen zeigen und einem »grün! grün!« zurufen;
- wenn einen beim Spaziergang stürmische Läufer weiträumig überholen und Hundebesitzer ihre Tiere vorsorglich kurz an der Leine halten, damit sie einen nicht anspringen, denn ein Sturz in unserem Alter kann teuer werden;
- wenn der Arzt auf die Frage nach dem Grund

der Beschwerden ausweichend antwortet: »Nun ja, hier und da gibt es kleine Verschleißerscheinungen, aber im Großen und Ganzen sind Sie noch sehr gut beisammen«, und, ehe man eine weitere Frage stellen kann, aufsteht und bei der Verabschiedung beiläufig sagt: »Wir sehen uns dann im nächsten Quartal wieder«;

– wenn der Bankberater nur die Achseln zuckt und einem den von seiner Bank doch überall so angepriesenen Kredit verweigert;

– wenn man es nicht mehr schafft, den Knopf für die Dusche herunterzudrücken und sich mit jedem Marmeladenglas und sonstigem fest Verschraubten hilfesuchend an den Nachbarn wenden muss;

– wenn man dem Vertrauensarzt der Pflegeversicherung gegenüber beteuert, man sei putzmunter, ungeachtet der flehentlichen Blicke der Familie, die jeden Tag erlebt, dass man schon längst nicht mehr ohne Hilfe aus dem Bett und ins Badezimmer kommt;

– wenn man immer wieder mit verschwörerischer Miene Geheimnisse ausplaudert, die schon jeder in der Familie auswendig kennt;

– wenn man anfängt, von der alten, so romantischen ersten Liebe ein bisschen zu viel herzumachen;

– wenn der berühmte Professor, nun längst im Ruhestand, bei einem Empfang einem jungen Kollegen die Wichtigkeit der Zuckerrübe im Mittelalter erklärt und feststellen muss, dass dieser inzwischen längst – das Handy am Ohr – einer ganz anderen Stimme lauscht;

– wenn man im Hotel größeren Wert auf eine gute Matratze und Bequemlichkeit im sanitären Bereich legt als auf die Aussicht;

– wenn man sich trotz fortgeschrittenen Alters in der Öffentlichkeit allzu leicht bekleidet zeigt, mit tiefem Ausschnitt oder in Pfadfinderhosen;

– wenn man das Wort »früher« zu oft in den Mund nimmt, was noch halbwegs gestattet ist, solange es sich um das Wetter handelt;

– wenn im Briefkasten immer häufiger Angebote von Sterbegeldversicherungen landen mit dem Foto eines freundlichen älteren Herrn und den Worten »Ich regle alles selbst. Auch meine letzten Dinge«;

– wenn man neuerdings Anzeigentexte wie »Harndrang sehe ich gelassen«, Werbungen für Treppenlifte oder Fragen wie »Spüren Sie

Ihre Gelenke? Haben Sie quälende Schmerzen im Knie?« interessiert liest und die Augen an dem Satz »Was das Gehirn zum Denken bringt« haften bleiben;
- wenn das Pröbchen aus der Apotheke nicht mehr für die reife Haut ist, sondern etwas Stärkendes für die Venen;
- wenn man sich besonders kameradschaftlich zeigen will und dem peinlich berührten fünf-zehnjährigen Enkel mit den Worten »Echt geil, Kumpel« in die Seite knufft;
- wenn man zur Themenwoche im Fernsehen wird.

Es ist tröstlich zu wissen, dass Kinder und Alte oft in einem Boot sitzen. Beide werden den hohen Anforderungen, die man an sie stellt, häufig nicht gerecht. Der kleine Wonneproppen, bereits vor dem Besuch des Kindergartens in der Lage, bis hundert zu zählen, wird, kaum eingeschult, sehr schnell das Schlusslicht der Klasse. Und das inzwischen zum Großvater avancierte Familien-mitglied zeigt sich zum allgemeinen Entsetzen nicht seinem Alter gemäß von der gütigen, ver-ständnisvollen, alles verzeihenden Seite, sondern wird ein notorischer Nörgler. Der Schulversager hat allerdings durchaus noch die Möglichkeit, im Laufe seines Lebens rasant durchzustarten, der Großvater leider kaum.

Bei den Fernsehsendern hat man eine andere Gemeinsamkeit der beiden Altersgruppen erkannt, nämlich ihre Unberechenbarkeit, und man ist deshalb bemüht, bei der Wahl der kleinen oder uralten Studiogäste sehr überlegt vorzugehen, was nicht immer den gewünschten Erfolg hat. So kann es passieren, dass das kleine Mädchen, das so brav und lieb schien, vom Moderator – zur Enttäuschung seiner Altersgenossinnen und deren Mütter – ans Mikrofon geholt wird und plötzlich unter den verzückten Blicken der Mutter die Idee hat, seine Lieblingssängerin mit piepsiger Stimme und wilden Verrenkungen zu imitieren, ohne dass es dem armen Mann gelingt, sie zu stoppen. Oder die Urgroßmutter, die so munter und vernünftig und dabei noch leicht lenkbar wirkte, missachtet plötzlich alle Spielregeln der Political Correctness und ist gar nicht mehr wegzubekommen von der herrlichen KdF-Reise kurz vor dem Krieg, bei der sie ihre erste Liebe kennenlernte, die ihr vom Fronturlaub diese wertvolle, bis heute von ihr getragene, goldene Armbanduhr aus Frankreich mitbrachte.

Der Moderator erstarrt, und das Wort »Beutegut« geistert durch sein Gehirn. Das könnte Ärger geben.

Aber das Alter hat auch seine Vorteile, abgesehen davon, dass das Heer von Rentnern sich nicht nur, wie ihm gern nachgesagt wird, ständig auf Reisen befindet oder auf Mallorca ein zweites, wildes Leben führt, sondern noch durchaus bereit ist, nach besten Kräften das Bruttosozialprodukt zu fördern, schon allein der Enkel und Urenkel wegen, die es ja grundsätzlich besser haben sollen als man selbst. Eine Einstellung, die von den Eltern wohlwollend gefördert wird – »Was sich dein Enkel zum Geburtstag wünscht? Schenk ihm doch ein Handy« – und uns bei den Kindern sehr beliebt macht.

Ein ganz besonderer Vorteil ist, dass wir Alten tun und lassen können, was wir wollen. Wir können mittags frühstücken oder um sieben aufstehen, wir können im Bett bleiben oder spazieren gehen. Die Pflichten, die wir haben, suchen wir uns selbst aus. Besonders angenehm ist es, dass man ab einem bestimmten Alter nicht mehr wegen seiner Unbildung belächelt wird. Für unseren Gedächtnisschwund zeigt die Umwelt großes Verständnis. Er ist ein Alibi für alles, und nur wir selbst wissen, dass wir manches nie begriffen oder auch nur gewusst haben, wie etwa den Lehrsatz des Pythagoras oder die Prozentrechnung. Und es genügt völlig, wenn man, versonnen vor sich hinnickend, sagt: Ja, ja, die Akropolis, überhaupt ein wundervolles Land, dieses Spanien.

Auch alle Ausreden, die man jungen Menschen nicht gestattet – wie: Ich bin in den falschen Bus gestiegen, meine Uhr ist stehen geblieben, ich hab die Zeit verschlafen, ich hab die Haustürklingel nicht gehört, ich hab ganz vergessen, dass du mich besuchen wolltest –, werden akzeptiert, wenn auch mit etwas säuerlicher Freundlichkeit.

Überdies wird uns heutzutage, wenn uns der Sinn danach steht, eine Menge Abwechslung angeboten: Seniorengymnastik, Englischkurse, offenes Singen, Gesprächskreis, Sonntagskaffee, bei dem die Senioren das Tanzbein schwingen. Wir können mit anderen Skat, Rommé oder Canasta spielen, uns der Esoterik hingeben, mit Gruppen Gleichaltriger unter dem Motto: »Was piept denn da?«, an Führungen durch Wald und Flur teilnehmen, Vorträgen über den Selbstschutz vor kriminellen Elementen lauschen, die Universität besuchen und vor den Wahlen mit Prominenten schwatzen. Solche Angebote, die den Senioren helfen sollen, die Langeweile zu vertreiben, sind nicht nur den Großstädten vorbehalten, es gibt sie, wenn auch nicht ganz so üppig, ebenso auf dem Lande.

Unsere Großeltern dagegen kannten Anregung dieser Art kaum. Die Großmutter vertrieb sich die langen Winterabende mit Stricken, Häkeln, Flicken und Stopfen, und der Großvater war ständig am Reparieren – den wackligen Tisch, den kippeligen Stuhl, die quietschende Tür, den losen Stiel der Axt. Wir Alten heute haben außer den vielfältigen Möglichkeiten, außerhalb unserer vier Wände Abwechslung zu finden, zu Hause auch noch Radio und Fernsehen zur Unterhaltung, sind also sehr viel besser dran.

Der achtzigjährige Senior sieht gerade die Tagesschau und erfährt, dass sich fünfundfünfzig Prozent der Dreißig- bis Vierzigjährigen ernste Gedanken über ihre Altersversorgung machen und fast schon um ihre Renten bangen. Er schmunzelt. »Die mit ihren ewigen Prozenten und Meinungsumfragen«, denkt er. In seiner

Generation war die Lebenserwartung oft nur von einem Tag zum anderen berechenbar, und jetzt kraucht er immer noch hier auf der Erde herum, auch noch allein, denn seine Frau ist vor einem Jahr gestorben. Wie häufig in letzter Zeit kommt er ins Grübeln. Einerseits liest er nach wie vor gern schaurige Kriminalromane und ist mehr gelangweilt als geschockt, wenn es in Fernsehfilmen nur so explodiert, Autos zusammenrasseln oder Häuser einstürzen. Andererseits genügt ein Geräusch, ein Geruch oder eine Stimme, um schreckliche Kriegserlebnisse wieder lebendig werden zu lassen. Ihm wird wie so oft »irgendwie« zumute, und er fühlt sich sehr allein. Er greift zum Telefon, wählt eine Nummer und sagt, als sich eine Stimme meldet: »Oliver, wie wär's, wenn du mich am Wochenende besuchst, nur wir Männer unter uns? Du kannst dir wünschen, was wir machen wollen.« Und der achtjährige Enkel, der seine Eltern gerade mal wieder total uncool findet, sagt begeistert: »Klasse, Opi.«

Die kalte Pracht

In meiner Kindheit waren Erwachsene durchweg Respektspersonen. Man hatte sie ohne Ansehen zu achten, sie zu grüßen, einen Knicks oder einen Diener vor ihnen zu machen, ihnen die Tür aufzuhalten und in ihrer Gegenwart nicht zu viel zu reden, sonst hieß es gleich: »Du hast wohl Quasselwasser getrunken.« Über ihr Alter machten wir uns keine Gedanken.

Das Wort »alt« spielte nur bei Tieren eine Rolle – ein altes Pferd bekam das Gnadenbrot oder musste zum Abdecker, ein altes Huhn gehörte in den Kochtopf, und bei dem sich als reichlich zäh erweisenden Rehrücken hieß es, das hat wohl auch eine Menge Jahre auf dem Buckel gehabt. Wenn einer unserer persönlichen Lieblinge, wie der Kanarienvogel, der Hamster, das Angorakaninchen, unerwartet das Zeitliche segnete, wurde er von uns nicht einfach verbuddelt, sondern bekam ein feierliches Begräbnis. Meinen eigenen Tod benutzte ich in meinen

Tagträumen, um meine Eltern zu bestrafen, wenn ich mich schlecht behandelt fühlte. Da saßen sie nun an meinem Sarg und schluchzten. Recht geschah ihnen!

Meine Großeltern mütterlicherseits kannte ich nicht, sie waren früh gestorben, und meine Großmutter väterlicherseits spielte in meiner Kinderwelt keine Rolle. Ich nahm sie erst wahr, als sie mit einer Betreuerin in den Seitenflügel des großväterlichen Schlosses gezogen war und nur zu den Mahlzeiten auftauchte.

Alte Menschen bezeichnete man als Rentner, Veteranen, Privatiers oder Invaliden. Wenn man einen Titel hatte, war man im Ruhestand, bei den Offizieren in Reserve. Die Bezeichnung Senioren gab es nicht, sie hätte auch Kopfschütteln hervorgerufen – man war doch schließlich nicht in Spanien. Auch das Lied von Udo Jürgens »Mit sechsundsechzig Jahren, da fängt das Leben an, mit sechsundsechzig Jahren, da hat man Spaß daran, mit sechsundsechzig Jahren, da kommt man erst in Schuss! Mit sechsundsechzig Jahren, da ist noch lang nicht Schluss« wäre auf Unverständnis gestoßen. Mit fünfzig war man bereits ein »alter Knacker«, und ältere Jungen sprachen von ihrer Mutter als »alte Dame«, obwohl sie gerade erst Anfang dreißig war, und von dem nicht sehr viel älteren Vater als »alter Herr«.

Die früh verwitwete Mutter eines Onkels in unserer Nachbarschaft ging schon mit fünfzig nur noch in Schwarz und trug ein weißes Häubchen. Dass meine Mutter mit Mitte vierzig noch zur Grünen Woche nach Berlin fuhr, fand sie ausgesprochen degoutant. Doch das hinderte diese der Lebenslust Entsagende nicht daran, ihrem ebenfalls verwitweten Sohn in Haus und Hof tatkräftig zur Seite zu stehen, das Personal auf Trab zu bringen und dort, wo nötig, den Rotstift anzusetzen.

Im Gegensatz zu heute, wo wir Alten nur ein Kostenfaktor sind, war der Rentner von früher – zumindest auf dem Lande – von großem Nutzen. Dort wurde jede Hand gebraucht, um das Unkraut im Garten zu zupfen, Kartoffeln und Rüben durchzuhacken, Hühner und Enten zu füttern. Auch wenn man, von Rheuma und Gicht geplagt und am Stock gehend, nur noch langsam durch die Gegend humpelte, reichten die Kräfte durchaus noch, in der Sonne zu sitzen und auf die Hühner aufzupassen, damit sie nicht in den Garten liefen oder sich über den Hafer in der Scheune hermachten. Dass jemand ins Siechenheim gegeben wurde, ist mir nicht in Erinnerung, jedenfalls nicht, wenn noch Familie da war. Wenn sich in dem engen Raum zwischen herumwuselnden Kindern noch die Großeltern drängten, hing natürlich gelegentlich der Haussegen schief, und die Hausfrau, mit reichem Kindersegen bedacht, hatte neben all der anderen Arbeit, die auf sie wartete, noch die Pflege am Hals. Dass sie gelegentlich ins Schleudern kam und harte Worte fielen, ist anzunehmen. Dann verbündete sich der Opa mit dem Enkel: »Sag mal, Junge, steht hier nicht irgendwo noch 'ne Flasche Bier rum?« Der Junge verstand. Dafür verpetzte ihn der Großvater nicht, wenn er sich in der Küche über die Rosinen und den Sirup hermachte oder über Vaters Tabak. Aber bei aller Zuneigung zu den Enkelkindern hatte er stets den Spruch »Vertrauen ist gut, Kontrolle ist besser« im Kopf und seine ersparten Groschen in der Sammeltasse scharf im Auge.

Wir Kinder lernten eine Menge von den Alten. Sie wussten, wann sich ein Gewitter ankündigte, wann die Fische am besten bissen und unter welchen Bäumen man Schutz vor den Blitzen suchen durfte. Sie hatten zwei Kriege miterlebt, den von 1870 und den Ersten Weltkrieg.

Aber was ein Krieg wirklich bedeutet, lernten wir nicht, nur so viel, dass es anscheinend für die Hochbetagten die einzige Gelegenheit gewesen war, einmal aus dem Dorf herauszukommen, um was von der Welt zu sehen. Denn ihre Vergnügungen waren bescheiden. Sie erschöpften sich in Familienfeiern und Festtagen wie Weihnachten – einer der wenigen Anlässe, bei denen man einmal wieder in den Genuss »der kalten Pracht« kam, wie die gute Stube genannt wurde, die dann richtig geheizt war und in der man die Feiertage verbrachte. Und dann waren da natürlich noch das Schützenfest und die Zusammenkünfte des Kriegervereins.

Alles Neue lehnten die Alten ab, genau wie die misstrauisch beäugten Sommerfrischler, die die Seen umlagerten und das Gras zertrampelten, kurz bevor es gemäht wurde.

Im Gegensatz zu uns heutigen Alten waren sie schicksalsergebener, geduldiger, und allem Unangenehmen, das das Alter so mit sich bringt, standen sie gelassener gegenüber. Dabei bekamen sie mit abnehmenden Kräften die Mühsal des Alters mit besonderer Härte zu spüren, wie etwa den Gang zum Plumpsklo auf dem Hof bei Sturm, Regen und Glatteis, denn so etwas wie ein Badezimmer gab es nicht, und die kleine, oft fensterlose, nicht beheizbare Schlafkammer war bei fünfzehn Grad unter null alles andere als ein Ort der Behaglichkeit. Dazu kamen die üblichen Altersschmerzen, verursacht von Rheuma und Gicht; die von Frostbeulen geschwollenen Füße passten in keine Schuhe mehr, und man plagte sich mit einem chronischen Husten herum, der die Familie bei Tag und Nacht als Geräuschkulisse begleitete.

Die Gefahren, die auf sie lauerten, waren andere als bei uns, aber sie hatten die gleiche Wirkung. Zwar war das Risiko, von durchgehenden Pferden, vom Heuwagen oder Trecker zermalmt zu werden, verhältnismäßig gering, schon eher musste man aber befürchten, bei hohem Schnee und Glatteis – noch dazu im Dunkeln – auf dem Weg zum Plumpsklo hinzufallen und sich die Hüfte zu brechen und dann womöglich ins Krankenhaus zu müssen. Und das wollte man ja nun auf keinen Fall. Da starben ja bekannterweise die Leute wie die Fliegen. Krankenhaus bedeutete praktisch das Ende, das wusste doch jeder! Dem Nachbarn hatte der Arzt freundlich erklärt, nur ein kleiner Eingriff, und dann war das Bein weg.

Weitere Gefahren drohten beim Holzhacken: dass die Axt aus der zittrig gewordenen Hand abrutschte und statt das Holz die Zehen erwischte; beim Einstieg in den kippelnden Kahn, wobei man leicht das Gleichgewicht verlieren und ins Wasser fallen konnte, oder wenn man achtlos des Weges humpelte und plötzlich auf eine Kreuzotter trat. Oft war die Oma einsichtiger als ihr Mann, der grundsätzlich nicht darauf hörte, was »die Weiber« sagten, etwa, dass es nicht ratsam sei, sich ausgerechnet unter den Baum zu setzen, in dem die Hornissen hausten: »Opa lass es doch!« Aber das tat er nun auf keinen Fall. Schließlich war er ein Leben lang der Bestimmer in der Familie gewesen, und außerdem war es dort besonders schattig. »Opa, bitte lass es!« Aber alles vergeblich, und schon hatte ihm eine Hornisse eins verpasst. »So was von stur auch«, jammerte die Großmutter.

Am Todestag kam der alte Mensch in der »kalten Pracht« noch einmal zu Ehren. Es herrschte die bei Begräbnissen übliche Nervosität, die sich im Zorn auf den Enkelsohn entlud, weil er wieder vergessen hatte, das Klo mit der sorgfältig zugeschnittenen Heimatzeitung zu versorgen. Es gab einen prächtigen Schmaus und

Lobesreden auf den Verstorbenen, obwohl, wie man sich halblaut zuflüsterte, der Großvater doch ein ziemliches Schlitzohr gewesen sei.

In den nächsten Tagen bekam dann der Dorfklatsch neue Nahrung. Gerade hatte man sich über eine andere Familie entrüstet, die sich bei Erbschaftsstreitigkeiten völlig entzweit hatte, nun war man selbst dran. Egal um was es sich handelte, um sich kräftig in die Haare zu kriegen, genügte schon eine leicht lädierte Kuckucksuhr. Doch wir Kinder sangen das alte Lied »Lott ist tot, Lott ist tot, Julchen liegt im Sterben, da freu'n wir uns, da freu'n wir uns, da gibt es was zu erben«. Aber auch mit den Toten war nicht zu spaßen. Vater behauptete, auf einem Grabstein habe gestanden: »Hier liegt mein Weib, Gott sei's gedankt, bis in das Grab hat sie gezankt. Lauf, lieber Wanderer, schnell von hier, sonst steht sie auf und zankt mit dir.«

Die Alten blieben lange im Gedächtnis und lebten in den zahllosen über sie erzählten Geschichten weiter. Außerdem war der Friedhof eine Art Treffpunkt für die Frauen, wo man sich bei der Grabpflege gegenseitig scharf im Auge hatte: »Noch nicht mal vier Wochen unter der Erde und schon Verwelktes auf dem Grab.« Urnen kannte man damals nicht, jedenfalls nicht auf dem Lande, und so wuchsen wir mit der Drohung auf, dass sich unsertwegen irgendein Onkel oder eine Tante im Grabe umdrehen würde. »Wenn Tante Elli sehen würde, was aus der schönen Puppe geworden ist, die sie dir geschenkt hat, sie würde sich im Grabe umdrehen!«

Eine Zeit lang sprachen wir Kinder noch über die Toten, und es war uns, als hätten wir den Großvater unserer Freunde gerade im Kahn oder auf dem Feld gesehen, doch dann überdeckten andere aufregende Ereignisse dieses Erlebnis. Erst in der Weihnachtszeit, wenn wir in der »kalten Pracht« den Weihnachtsbaum, die bescheidenen Geschenke unserer Freunde – ein Sortiment von Buntstiften war schon das Höchste – und die Schale mit dem künstlichen Obst bewunderten, fiel auch ein Blick auf die verstorbenen Großeltern. In einem breiten Rahmen war ihr Foto zu sehen, und sie sahen steif und ernst auf uns herab, als wollten sie uns mahnen: »Nichts anfassen, sonst gibt's was auf die Finger.«

Wie in alten Zeiten

Im Mittelalter gab es gute und böse Ritter. Die guten brachten auf ihren Kreuzzügen andere Völker im Namen Christi um, die bösen hielten sich hundert Jahre später gar nicht erst mit moralischen Begründungen auf, sondern überfielen Reisende in Kutschen oder arglose Bauern, um sie auszuplündern und verschonten auch so Hochbetagte wie uns nicht.

Die bösen wurden Wegelagerer oder Raubritter genannt und waren außerordentlich rauflustig, so dass sie bei Familientreffen dazu neigten, sich gegenseitig umzubringen. Es gab jedoch ein Gesetz, das sie bei ihren Überfällen, auch auf entfernte Verwandte, wenigstens bremste und das heute wieder eingeführt werden sollte. Es sah keineswegs die Todesstrafe vor, sozusagen Aug um Auge, Zahn um Zahn, sondern der Täter musste nach damals geltendem Recht die gesamte Sippe des Opfers – die durch fünfzehn Geburten leicht angewelkte Ehefrau und deren

Kinder ebenso wie Oma und Opa – bei sich aufnehmen und durchfüttern. Heute, da man es doch wieder sehr mit den alten Bräuchen hält und junge, gut genährte Männer in Saft und Kraft sich angewöhnt haben, schnell und ohne Rücksicht auf das Alter ihres gewählten Opfers nach dem Messer zu greifen, wäre das eine vorzügliche Strafe. Und das stellen wir uns dann genüsslich so vor:

»Wo wollen Sie denn hin, Herr Weber, Feierabend können Sie vergessen, Überstunden sind angesagt. Ein Mitglied Ihrer Opferfamilie hat bei der Polizei einen Antrag auf eine neue Zahnprothese für die Oma eingereicht.«

Der junge Mann erblasst. »Was denn für eine?«

»Implantate natürlich, die stehen auch den Großmüttern von Opferfamilien zu. Ja, auch wenn sie bereits neunzig sind. Eine stattliche Summe kommt da auf Sie zu. Da werden Sie mit Ihrem Gehalt kaum auskommen. Nun machen Sie nicht so ein verzweifeltes Gesicht, hundertzwanzig wird die Oma schon nicht werden.«

Aber glücklicherweise gibt es verhältnismäßig wenige Messerstecher. Der Raubritter von heute ist aus ganz anderem Holz. Er hat sich in die gute Gesellschaft fest integriert, trägt Armani, und seine Überfälle finden generalstabsmäßig statt. Da fließt kein Blut, aber das Opfer wird finanziell zur Ader gelassen. Auch kommt er nicht auf die Idee, sich persönlich die Finger schmutzig zu machen. Das überlässt er seinen Landsknechten, den Callcentern, Servicecentern und der Werbung zum Beispiel. Wenn er zu den Spitzenverdienern gehört, ist es für ihn wegen der vielen gemeinsamen Leichen im Keller besonders schwierig, sich wieder aus dem Bündnis mit den anderen Raubrittern zu lösen.

Der Raubritter von heute rasselt nicht mehr mit dem Schwert, um Menschen gefügig zu machen – er hat wirksamere Methoden, besonders für uns Alte. Gern benutzt er beispielsweise das Telefon dazu und lässt es oft zu Zeiten klingeln, etwa spätabends oder frühmorgens, zu denen anzurufen sich die Familie niemals erdreisten würde, so dass der alte Mensch maßlos erschrickt. Während er sich die schlimmsten Dinge ausmalt – Autounfall, womöglich Krankenhauseinlieferung oder ein spurlos verschwundener Enkel –, nimmt er schlotternd den Hörer ab, und was schmettert ihm eine elektronische Stimme munter entgegen? »Wir haben eine Nachricht für Sie erhalten! Legen Sie nicht auf! Sie haben etwas Schönes gewonnen!« Der Neugierige und schließlich von der Warterei Enttäuschte findet das Schöne dann auf seiner Telefonrechnung, die diesmal unerklärlich hoch ist. Leidgeprüfte kennen dieses Spiel und legen sofort auf.

Man glaubt nicht, wie viele nette Menschen sich um uns Alte bemühen, damit unsere Spargroschen nicht zu schimmeln beginnen. Manche allerdings sind so neu im Geschäft, dass man fast Erbarmen mit ihnen haben könnte. Die junge Frau, die mich mit »guten Morgen« begrüßt, obwohl es bereits acht Uhr abends ist, kommt darüber ins Stottern, fängt sich wieder und will mir unbedingt den hoch effektiven Bankberater vorbeischicken, für den es ein Klacks ist, mein Geld mit zehn Prozent Zinsen steuerfrei zu vermehren und so mein kleines Vermögen raketenartig hochschnellen zu lassen. Meine Antwort, ich sei schon weit über neunzig und gerade entmündigt, lässt sie schlagartig verstummen. »O Gott, auch das noch«, höre ich sie murmeln, und dann ist Funkstille.

Die Raubritter von heute wissen, dass der alte Mensch vom Internet und solchem Teufelszeug nicht viel hält, sondern seinem Telefon treu ist. Deshalb locken sie ihn gern in die Warteschleife. Dort hören wir neben brüllender Musik Werbung für Produkte, die wir nicht einmal geschenkt haben möchten. Schließlich meldet sich wieder ein Roboterstimmchen und sagt: »Legen Sie nicht auf, vor Ihnen sind nur noch zwei Kunden.« Aber diese beiden haben es in sich – anscheinend sind sie gerade dabei, nicht nur ihren, sondern auch den Lebenslauf des Ehepartners zu erzählen. Doch dann klappt es tatsächlich: Eine piepsige Stimme sagt: »Mein Name ist –«, und es folgt etwas, das wie Wollkopf klingt: »Was kann ich für Sie tun?« Und wenn man ihr gerade die erste Hälfte seines Anliegens mitgeteilt hat, wird man mit: »Moment, ich verbinde weiter«, unterbrochen. Schon steckt man wieder in einer neuen Warteschleife, und der ganze Zirkus beginnt von vorn. »Im Augenblick sind alle Plätze besetzt, wir werden Sie so schnell wie möglich verbinden, bitte haben Sie etwas Geduld.«

Glücklicherweise fallen wir Alten auf diese Tricks nicht mehr rein. Der Rentner von heute weiß sich zu wehren und kriecht nicht allem und jedem auf den Leim. Auch haben die meisten Uralten das Gesparte nicht mehr im Strumpf oder unterm Kopfkissen wie unsere Vorfahren, sondern auf der Bank, so dass die Mitleidsmasche an der Wohnungstür: »Nichts weiter als einen Schluck Wasser, gute Frau« kaum zieht und sich auch nicht lohnt. Außerdem muss der Trickdieb heutzutage damit rechnen, dass die Seniorin gerade einen Selbstverteidigungslehrgang hinter sich gebracht hat und er in Sekundenschnelle auf dem Teppich landet.

Doch trotz Sinneswandels auch bei uns Alten kommen viele Armani-Ritter noch auf ihre Kosten, wie etwa die Pharmaindustrie. Ja, wir verschlingen Anzeigen geradezu, die uns die »Eintrittskarte zur geistigen Fitness« versprechen oder »völlig unschädliche« Medikamente (fragen Sie Ihren Arzt oder Apotheker), die Arthrose, Rheuma, Asthma, Bluthochdruck erst gar nicht entstehen lassen. Wir sind eine leichte Beute für alle Hersteller von Geräten, die uns abrubbeln, wärmen, aus unserer Badewanne einen Whirlpool machen, unsere Muskeln stärken oder heilsame Ströme durch den Körper fließen lassen. Als man ein Kind war, reichte eine Zigarrenschachtel für die Hausapotheke, dann wurde ein Schuhkarton dafür gebraucht, und jetzt nehmen die Medikamente im Reisegepäck den größten Platz ein. Alle Arzneien, die vom Arzt verordneten wie die der Werbung verdankten, geben sich ein Stelldichein in unserem Magen, und der muss sehen, wie er damit fertig wird – im Gegensatz zu den Mülltonnen, die damit rechnen können, dass alles säuberlich getrennt ist. Bei den Familienfestlichkeiten sieht man dann den schwarzen, gelben, grünen Dragees oder zweifarbigen Kapseln, die Messer und Gabeln umkränzen, an, wie es so bei den Einzelnen um die Gesundheit steht, und wird den Schluss ziehen, wer gar nichts nimmt, steht bedauerlicherweise vor einem baldigen Ende. Aber dabei kommt man dann doch ins Grübeln: Wie macht das Onkel August eigentlich, neunzig Jahre, dichter Haarwuchs, noch alle Zähne? Er raucht und trinkt und nuckelt nach dem Motto »ein Gläschen in Ehren« ganz schön was weg – keine Spur von Vergreisung. Die Sozialpädagogin in der Familie nickt weise und hat sofort die richtige Erklärung dafür: »Er leidet nie unter Aggressionsstau«, was von Onkel August auf der Stelle bestätigt wird, der gerade dabei ist, seinem Urenkel, der sich mal wieder mit der Baseballmütze auf dem Kopf zum Mittagessen eingefunden hat, eine kräftige Parade zu geben und dabei auch den beliebten Spruch von den Hammelbeinen, die man lang ziehen muss, nicht vergisst. Die Familie sieht die Sozialpädagogin bewundernd an: Früher als Kind war sie ja eher mickrig, aber jetzt – was die so alles weiß!

Bestimmte Berufsgruppen der heutigen Raubritter werden zum Glück seltener; natürlich gibt es hin und wieder noch die jugendlichen »Omaschocker«. Es ist deshalb nach wie vor ratsam, die unentbehrliche, meist offen stehende Handtasche nicht allzu sorglos baumeln zu lassen. Es ist auch sehr lange her, dass vor meiner Wohnungstür ein Zeitschriftenwerber stand und mir ein Abonnement aufschwatzen wollte. Brav sagte er sein Sprüchlein auf von der schweren Jugend und seiner verzweifelten Lebenslage – er sei nämlich gerade aus der DDR geflohen und habe in der Bundesrepublik noch nicht richtig Fuß gefasst.

»DDR?«, sagte ich verblüfft. »Die gibt's doch schon drei Jahre nicht mehr, jetzt gibt es nur noch ein Deutschland!« Und fast wäre mir peinlicherweise das Wort »Großdeutschland« entschlüpft. »Es gibt keine Mauer mehr, keine Grenze.«

Er war wie vom Schlag gerührt: »Warum sagt

mir das denn keiner?«, rief er. »Woher soll ich das wissen? Ich komme aus Bremerhaven und hab gedacht, nur die Mauer ist weg.«

Umso eifriger üben dafür Banken, Versicherungen und das Finanzamt eine, wie man das heute nennt, »gefühlte« Raubritter-Tätigkeit aus. Manch einer von uns Alten, der sich nur noch mit dem Gehwagen nach draußen wagen kann, sehnt sich nach der Zeit zurück, als man am Arbeitsplatz noch die Lohntüte in die Hand gedrückt bekam und der Briefträger einem die Rente aushändigte, was lange Zeit nach dem Krieg noch gang und gäbe war. Der einzige Mensch, den ich kenne, der sich weiterhin jahrelang sein Geld direkt von der Firmenkasse auszahlen ließ, war mein Bruder. Er sagte, es gebe kein Gesetz, das ihn dazu zwinge, sein Gehalt von der Bank und nicht vom Arbeitgeber in bar zu bekommen. Aber irgendwann musste auch er kapitulieren.

Geldinstitute versprechen einem gern das Blaue vom Himmel, halten es aber nicht einmal für nötig, vernünftige, d. h. auch für uns Alte lesbare Überweisungsformulare zu liefern. Dabei sind wir Alten doch ein sehr großer Kundenstamm und dazu die Treuesten, weil wir ungern wechseln und unsere festen Angewohnheiten haben. Und was bekommen wir dafür? Ständig steigende Gebühren, fallende Zinsen und, altersbedingt, keine Kredite.

Was die Versicherungsfirmen betrifft, so würden die Raubritter von anno dazumal vor Neid erblassen, wenn sie sähen, wie die es schaffen, uns immer neue Versicherungen aufzuschwatzen, die wir nie in Anspruch nehmen und die sich häufig mit bereits abgeschlossenen überschneiden. In letzter Zeit ist man besonders hinterher, dass wir unsere Krankenkassen wechseln. Die Prospekte darüber verstopfen unsere Briefkästen. »Jetzt wechseln und blitzgescheit sparen.« Und was da wirklich alles gezahlt wird: spottbillige private Zusatzversicherungen für das Krankenhaus und die Ambulanz. Aber leider, leider gibt es da viele Haare in der köstlichen Suppe, und spätestens mit siebzig ist endgültig Schluss mit lustig, und wir können froh sein, wenn wir nicht – wie es in einem Schweizer Spital noch angeblich in den vierziger Jahren üblich war – die Chefvisite auf wackligen Beinen neben unserem Bett stehend empfangen müssen.

Glücklicherweise haben wir im Gegensatz zu den armen, von meinen Vorfahren gejagten Alten starke Kräfte auf unserer Seite. Im Fernsehen, in der Tagespresse, in den Illustrierten erheben sie ihre Stimme für uns, warnen uns vor allem Bösen und bemühen sich sogar gelegentlich, uns mit guten Anwälten zur Seite zu stehen. Sie schildern uns in bewegenden Worten unglaubliche Vorfälle und was uns alles blühen kann, wenn wir zu vertrauensvoll unseren Namen unter ein Schriftstück setzen – denn das Unglück schreitet schnell: Wir erleben fassungslose Senioren, die nicht nur Haus und Herd verloren haben, sondern auch das Vertrauen in die Obrigkeit und leider sogar von der eigenen Familie betrogen wurden. Hier lässt sich jedoch beruhigend sagen, es ist ein wenig wie mit der Messer zückenden Jugend – es sind eher Ausnahmen und nicht die Regel. Man übersieht oft, dass es immer derselbe vom Schicksal geschlagene Mitmensch ist, dessen sich sämtliche Medien eifrig bemächtigen, so dass man den Eindruck bekommt, solche Fälle gehörten schon zur Tagesordnung. Immerhin lernen wir daraus, dass wir Alten uns rechtzeitig nach jemandem umsehen müssen, der sich, wenn es hart auf hart kommt, um uns kümmert, und wir müssen dafür sorgen, dass für unsere letzten Jahre alles geordnet ist. Aber leider schieben wir das immer wieder auf die lange Bank und trösten uns damit, dass im Leben sowieso immer alles anders kommt, als man denkt. Und meist haben wir recht. Machen wir uns also nicht allzu große Sorgen über das, was uns noch passieren kann, vergleichen wir es besser mit dem, was hinter uns liegt – ein Krieg mit allem Drum und Dran, was jetzt wieder in der Erinnerung präsenter ist als in jüngeren Jahren. In jener Zeit konnte sich alles sorgfältig Geplante in Sekundenschnelle in nichts auflösen.

Aber zurück zu den »gefühlten« Raubrittern: Der von uns allen am meisten gefürchtete ist das Finanzamt, was aber weniger an dessen Beamten liegt als an den Gesetzen. Diese sind so verzwickt und in einer so umständlichen Sprache gehalten, dass selbst erfahrene Steuerberater ins Rätseln kommen. Außerdem können sie sich schlagartig ändern, so dass, was immer man mit seinen Ersparnissen macht, falsch ist. Und die brauchen wir doch dringender denn je, wenn der Staat uns Hochbetagten immer mehr an den Renten herumzupft und diese und jene Vergünstigung zu streichen versucht. Dabei haben wir so gut für das Alter vorgesorgt, damit wir alle in diese herrlichen Heime können, in denen, nach den Bildern ihrer Prospekte zu urteilen, die Freude grenzenlos sein muss, denn ob im Rollstuhl oder auf Krücken – man sieht nur lachende Gesichter. Diese Altersoasen können wir uns dann nicht mehr leisten, so dass uns die Kinder seufzend unter die Arme greifen müssen – oder der Steuerzahler. Dabei geben wir uns doch solche Mühe, gute Staatsbürger zu sein, zahlen pünktlich Steuern und Mieten und unterstützen unsere Kinder und Kindeskinder, wo wir können.

Nur manchmal, wenn wir in den Hochglanzprospekten, die unsere Briefkästen verstopfen, blättern, möchten wir gern noch einmal über die Stränge schlagen und in bequemer »Wohlfühlkleidung« uns einer Kur unterziehen, die aus einer »Kombination aus Naturlehre und Philosophie« besteht und sich auf »physische sowie psychische Aspekte konzentriert«. Allerdings ist das keine übliche Lifestyle-Wellness-Reise. Wir müssten dazu nach Indien fliegen, aber dafür würde »der Knoten in unserer Seele« endlich platzen, und wir würden vom »Leben in der Tiefe« zu uns selbst finden.

Zuerst aber kaufen wir uns auf jeden Fall eine

Bluse, mit der man ganze Nächte durchtanzen kann, ohne dass sie an Glanz verliert, trendig mit hoch angesetzter Taillennaht und aufspringenden Fältchen in der Taille, aus fein gestreiftem Popelin mit weißem Button-Down-Kragen und weißen Manschetten, natürlich sündhaft teuer. Aber auch wir neunmalklugen Alten gehen gelegentlich der Werbung auf den Leim und vergessen den Spruch auf dem Stopfpilz unserer Großmütter: »Wenn dich die bösen Buben locken, bleib zu Haus und stopfe Socken.«

Von der Wiege bis zur Bahre

Vieles, wovon wir dachten, es würde sich im Laufe des Lebens verlieren, bleibt uns leider auch im Alter erhalten, etwa am liebsten das zu *tun*, was wir besser *lassen* sollten. Schon das Kleinkind schwankt, schließlich sind aller guten Dinge drei, ob es trotz Omas drohenden Blicken der geduldigen Mutter noch einmal den Nuckel in die volle Kaffeetasse spucken oder großmütig auf diesen herrlichen Spaß verzichten sollte. Natürlich spuckt es. Später dann im Kindergarten schwebt sein Fuß sekundenlang über einer auf dem Boden herumkrabbelnden Wespe, von der Kindergärtnerin als goldige Biene Maja bezeichnet, ehe Mamas Liebling dann doch kräftig zutritt.

Mit wachsendem Alter wächst dieser Drang und gibt sich bald nicht mehr mit solchen Lappalien zufrieden, wie Schule schwänzen, Schularbeiten vernachlässigen, schlechte Zensuren verschweigen, eine Kleinigkeit aus Mutters

Portemonnaie stibitzen. Nun fordert er zu härteren Verbotsübertritten heraus – dem besten Freund die Freundin ausspannen, immer unverschämtere Notlügen erfinden, um sich vor ungeliebten Pflichten zu drücken.

Aber nun sind wir alt, und es drängt uns jetzt mehr, zu *lassen*, was wir eigentlich *tun* sollten. Wir finden nicht aus dem Bett, nehmen unsere Medikamente nicht, sondern schütten sie heimlich in den Müll, und drücken uns vor der ärztlich angeordneten Morgengymnastik, teils aus Faulheit, teils, weil sie uns zu sehr daran erinnert, was sich in Jugendjahren an den Morgenappell anschloss und in einem Dauerlauf endete, und das mit durchhängendem Magen.

Dafür ertragen wir, anders als früher, viele Unannehmlichkeiten mit Würde, zum Beispiel nicht herumzujammern, wenn die Heizung ausfällt oder nur lauwarmes Wasser in die Badewanne fließt. Geduldig stehen wir mit unserem Gehwagen vor den Stufen unseres Hauses, bis ein Vorübergehender sich unser erbarmt und ihn zum Eingang hinaufträgt. Auch sitzen wir klaglos in übervollen Wartezimmern. Dort kommt mir oft der Gedanke, man meint wohl, wir Greise fühlten uns in der angenehmen Gesellschaft anderer Patienten genauso gemütlich wie in unseren eigenen vier Wänden. Das ist nicht der Fall, aber leider lassen wir wieder, was wir tun sollten, nämlich ordentlich auf den Putz zu hauen!

Das heißt aber nicht, dass uns gelegentlich doch noch der Hafer sticht, besonders dann, wenn es sich um ein nerviges, ebenfalls recht altes Familienmitglied handelt, das uns die Gnade eines Besuches zuteil werden lässt. Bei seinem Anblick erinnert sich der Besuchte sofort, dass diese Kusine ein Leben lang unter ihrem Spitznamen »Dickerchen« gelitten hat, und ehe er sich versieht, gleitet ihm bereits von den Lippen: »Welche Freude, Dickerchen!« Dummerweise scheint dem fast neunzigjährigen Kusinchen der Weizen noch kräftig zu blühen, und so zirpt sie lächeld zurück: »Ganz meinerseits, Deppi!« Der Vetter zuckt zusammen und Dickerchen lehnt sich zufrieden zurück.

Aber es gibt noch vieles andere, was wir aus Kindheitstagen mitschleppen. An erster Stelle steht natürlich die Vielfalt von Ängsten, die einem das Leben versauern. Es gibt zwar die Sage vom furchtlosen, unerschrockenen Menschen, aber bis jetzt ist er mir noch nicht begegnet. Nur

45

versetzt jeden etwas anderes in Furcht und Schrecken: Mein Vater sah auf der Flucht entrückt den Tieffliegern zu, die unter Höllenlärm dicht neben ihm die Brücke und eine Kaserne beschossen, während wir anderen uns zu viert ohne Sinn und Verstand in einer Telefonzelle drängten, die ein Tieff007 Tiefflieger dann auch als Zielscheibe nahm. Glücklicherweise hatte er anscheinend nur das Schießen gelernt, ohne das Treffen zu üben. Ein paar Stunden später, als wir dem Inferno entkommen waren und in einem Gutshaus Zuflucht gefunden hatten, erschrak mein Vater halb zu Tode, als hinter uns die schwere Tür krachend ins Schloss fiel. Heute, von unseren meist unbegründeten Altersängsten geplagt, fragen wir uns hin und wieder, wie wir es überhaupt geschafft haben, den Krieg ohne Nervenzusammenbruch zu überstehen.

Mit den Jahren gleichen die Ängste wieder ein bisschen denen unserer Kindheit. Zwar graulen wir uns nicht mehr vor dem »schwarzen Mann« unter dem Bett oder im Schrank, aber verloren und verlassen fühlen wir uns schnell und entspannen uns nur in vertrauter Umgebung und unter vertrauten Menschen.

Auch die kleinen Ticks und Marotten, die wir

uns in unserer Jugend zugelegt haben, sind häufig unsere treuesten Begleiter. Das einstige Lockenköpfchen zupft auch heute noch gern an seinem gelichteten Haar oder seinem welken Ohrläppchen, nagt am Daumennagel und beharrt bei Familienbesuch weiterhin darauf, auf »seinem« Stuhl zu sitzen. Hausfrauen mit großem Familienanhang können davon ein Lied singen: Onkel Karl trinkt seinen Tee nur aus hauchdünnen, nur halb gefüllten Tassen. Onkel Horst dagegen ist das nicht wichtig, Hauptsache es gibt dazu Kandiszucker, und Tante Herta achtet darauf, dass sie nicht den Anschnitt bekommt, egal, ob es sich um Käse, Wurst oder Braten handelt.

Nur durch unerquickliche Erlebnisse erworbene Angewohnheiten verlieren sich von allein oder schlagen ins Gegenteil um. Onkel Ernst, der viele Jahre auf dem Fußboden schlief, weil er sich nach der langen Kriegsgefangenschaft nicht umgewöhnen konnte, ist nun besonders kritisch, was Matratzen angeht, und erwartet, vor allem in Hotels, erste Qualität. Ebenso ist es mit dem Thema Essen. Im hohen Alter hat die Regel aus der Kindheit »Was auf den Tisch kommt, wird gegessen« nur noch wenig Gültigkeit. Die einstigen Vertreter dieses erzieherischen Spruchs sind nun zu nörgeligen Feinschmeckern geworden, die jede Hausfrau damit kränken, dass sie das von ihr so sorgsam zubereitete Gericht nicht etwa loben, sondern ihr mitteilen, sie hätten etwas Ähnliches mal in der Schweiz gegessen, und das habe ein ihnen unbekanntes Gewürz enthalten – »köstlich, köstlich, sag ich dir!«

Außer all diesen Unarten haben wir Alten, trotz unserer Vergesslichkeit auch oft noch ein Gedächtnis wie ein Elefant, was all die Kränkungen betrifft, die man uns angeblich in der Kindheit zugefügt hat, Martern aller Arten hat man uns da angetan. »Nicht einmal, als ich Masern hatte, waren sie nett zu mir!«, erregt sich die Neunzigjährige noch über die längst dahingegangenen Eltern und Geschwister. Und eine andere, ebenfalls Hochbetagte, beginnt am Heiligabend plötzlich bitterlich zu weinen. Ratlos sieht sich die Familie an und wirft den Urenkeln drohende Blicke zu. Haben sie etwa ihrer Ahnin nicht anständig guten Morgen gesagt? Sind sie unverschämt gewesen und haben sie womöglich eine Mumie genannt? Das streiten die Kinder heftig ab. Im Gegenteil, sie haben sogar Mühle und Dame mit ihr gespielt, weil sie das so gern wollte. Was also dann hat die große Trauer ausgelöst? Ist es wieder einmal der Tod des geliebten Mannes oder des noch inniger geliebten Hundes? Oder vielleicht die Tatsache, dass ihr der Arzt nun auch das Gläschen Rotwein am Abend verboten hat? Doch das alles ist es nicht. Es ist ihr Geburtstag, der dummerweise mit dem Heiligabend zusammenfällt. Ein Unglück schlechthin, auch wenn man ihr als Kind hundertmal erklärt hat, was es doch für eine große Ehre sei, am gleichen Tag wie das Jesulein geboren zu sein. Aber das Jesulein war ihr damals ziemlich schnurz. Für sie bedeutete der Heiligabend den Verzicht auf die Geburtstagstorte, das Geburtstagslied und eine nur für sie bestimmte Feier, zu der sie alle ihre Freunde einladen durfte, von den zusätzlichen Geschenken ganz zu schweigen. Stattdessen immer nur »Stille Nacht, heilige Nacht« und »Vom Himmel hoch da komm ich her.«

Die Urgroßmutter putzt sich geräuschvoll die Nase. Unter den mitleidigen Blicken der Familie guckt sie stirnrunzelnd über den Tisch. »Und wo bleibt der Kaffee?«

Arm dran

»Armut ist die größte Plage, Reichtum ist das höchste Gut!«, heißt es in Goethes »Schatzgräber«. Aber das, was wir in unserem Land Armut nennen, hätte ihn wohl kaum dazu gebracht, nach einem Schatz zu graben, und würde in anderen Ländern als paradiesischer Zustand bezeichnet werden.

Auch die wenigen unter uns Alten, die das Ende des Ersten Weltkrieges und die Jahre danach als Kinder miterlebt haben, schütteln den Kopf darüber. Sie wissen noch, wie sich Hunger und Kälte, zwei der Hauptmerkmale der Armut, anfühlten, wenn die Mütter beim besten Willen nichts anderes kochen konnten als dünne Kohlsuppe und man in seiner Wohnung still vor sich hin fror, weil es keine Kohlen gab.

Noch in den zwanziger Jahren spiegelte ein böser Spruch, den sich zankende Kinder gegenseitig an den Kopf warfen, die Armut dieser Zeit wider: »Du hast wohl als Baby im Kohlenkasten geschlafen, dich mit dem Lokalanzeiger zugedeckt, und das Essen war an die Wand gemalt.«

Zwar war im Ersten Weltkrieg die Bevölkerung von Zerstörungen im eigenen Land weitgehend verschont geblieben, aber mit der Versorgung sah es schlechter aus als im Zweiten Weltkrieg. Im Straßenbild, vor allem in den Garnisonsstädten, tauchten mehr und mehr Frauen in Schwarz auf, die nun ihre Familien allein ernähren mussten, und humpelnde Invaliden. Die wenigen Männer, die unversehrt zurückkamen, fanden keine Arbeit oder waren zu alt. Verschämte Armut und versteckte Prostitution waren an der Tagesordnung. Es waren Jahre, in denen die Zeichnungen von Zille alles sagten. Ein Kind zum anderen:

»Wat hast'n da?«

»Ne tote Ratte.«

»An wat isse denn jestorben?«

»Unsre Wohnung war ihr zu feucht.«

Es war damals nämlich üblich, dass die Bauherren ihre Neubauten von armen Familien trocken wohnen ließen. Danach wurden sie wieder auf die Straße gesetzt und konnten sehen, wo sie blieben. In diesen Jahren zogen in den Städten Bettler von Wohnung zu Wohnung, waren für jeden Groschen dankbar und am glücklichsten, wenn sie einen Teller mit den Resten vom Mittagessen erwischten, den sie sauber abgeleckt der Hausfrau wieder in die Hand drückten.

Auf dem Lande war es leichter, arm zu sein. Wenn man kein eigenes Stück Land hatte, standen einem immerhin die Früchte der Natur zur Verfügung und der Wald, wie zum Beispiel bei uns, in dem man für wenig Geld Holz sammeln konnte.

Mein Vater musterte die von einem klapprigen Ochsen gezogene Fuhre, die mehr aus stattlichen Baumstämmen als aus Sammelholz bestand. »Wat woll'n Se denn nu dafür ha'm?«, fragte der Mann aus dem Nachbardorf und wischte sich den nach der schweren Ladearbeit reichlich fließenden Schweiß von der Stirn.

Mein Vater überlegte: Die Fuhre war gut und gern ihre zehn bis zwanzig Mark wert, die konnte der Mann natürlich nicht bezahlen, aber schenken ließ der sich auch nichts. »Eine Mark fünfzig«, sagte er schließlich.

Der Mann kramte umständlich in seinem Portemonnaie und sagte gönnerhaft: »Na, Sie ham's auch nicht leicht, hier ha'm Se zwei Mark.«

Armut schändete nicht, und Sparsamkeit war grundsätzlich eine Tugend. Außerdem kam es auf den Standpunkt an. Im Dorf galten wir als reich, in der wohlhabenden Verwandtschaft nannte man unser Waldgut eine Kuhpläke. Doch insgesamt spielte die Höhe des Vermögens eher eine untergeordnete Rolle. Manche konnten vierelang fahren, wie das früher hieß, andere eben nicht. Wer nicht rechtzeitig lernte, sich einzuschränken, ging pleite, musste in die Stadt ziehen, und die Kinder wurden im Sommer zum Aufpäppeln zu Onkel und Tante auf die Weide geschickt.

Wir Kinder kamen auch aus praktischen Gründen ins Internat, denn den Pferden konnte nicht zugemutet werden, uns täglich zur Schule zu bringen und wieder abzuholen. Aber im Internat ging es weit spartanischer zu als zu Haus, und den Pamps, den man uns dort zum Essen vorsetzte, hätte einem heutzutage selbst das ärmste deutsche Kind vor die Füße gespuckt.

Selbstverständlich fuhren Internatsschüler und -schülerinnen Holzklasse in die Ferien, und die Kinder aus der Industrie, denen die Eltern ein Billett zweiter Klasse spendiert hatten, gaben nicht damit an, sondern taten es auch, weil sie unseren Spott fürchteten. Außerdem wurde der Nachwuchs der Reichen ebenfalls kurz gehalten. Meine Schwester war von ihrer Freundin eingeladen worden, das Osterfest bei ihnen zu verbringen. Sie gehörte zur Krupp-Familie und war angezogen wie eins der ärmeren Kinder bei Dickens. Meine Schwester kam mit einem einzigen Osterei zurück. Das fand selbst mein sparsamer Vater erstaunlich.

In unserer Verwandtschaft spielte bei fast allen Familien der Sparstift eine große Rolle, und so gab es so gut wie nichts, das nicht neunundneunzigmal verwertet wurde. Nichts wurde weggeworfen, jede Kerze genutzt, bis der Docht keine Nahrung mehr fand, jeder Rock mehrfach, je nach Bedarf, gekürzt oder verlängert, jeder Strumpf bis zur Unkenntlichkeit gestopft. Die so genannten Kurzwaren, wie Stopfnadeln, Stopfgarn, Nähseide, Knöpfe, Ösen und Haken, hatten Hochkonjunktur.

Neue Kleider gab es selten. Grundsätzlich trugen Vettern und Kusinen dazu bei, dass für die Jüngeren nichts Neues angeschafft werden musste. Das Angebot an Getragenem war reichlich. Allein ich hatte zwanzig Vettern und Kusinen ersten Grades und konnte damit rechnen, dass der abgelegte Matrosenmantel, den man mir verpasste, mindestens schon vier- bis fünfmal den Besitzer gewechselt hatte. Die meisten Kindermäntel waren nach rechts wie links knöpfbar, so dass sie von Jungen oder Mädchen getragen werden konnten.

Zwar gab es auch in meiner Kindheit Wohlhabende und gewiss auch sehr Reiche, aber so aberwitzig Reiche, wie sie uns heute von den Gazetten, vor allem in den USA, präsentiert werden, kannten wir damals nicht. Natürlich gab es auch die so genannten Kriegsgewinnler, die den Ruf »Gold gab ich für Eisen« in ihrem Sinn umgedreht hatten: »Eisen gab ich für Gold« (wobei das Eisen Waffen waren und das Gold Dollars) und die nun, wie es hieß, die Sektkorken knallen und nackte Mädchen auf den Tischen tanzen ließen. Aber in der Gesellschaft spielten sie doch nur eine untergeordnete Rolle, und irgendwann – wie es das Geld so an sich hat: Wie gewonnen so zerronnen – verschwanden sie auch wieder von der Bildfläche.

1939 begann dann die Tragödie Krieg und Nachkriegszeit von Neuem. Das sind Erinnerungen, die wir Alten nie vergessen werden. Diesmal traf es die Bevölkerung noch härter.

Die Städte waren zerstört, und es war schwer, überhaupt ein Dach über dem Kopf zu finden. Die meisten hatten alles verloren, was sie besaßen, egal ob im Osten oder Westen. Oft waren drei Generationen zusammengepfercht in Notunterkünften untergebracht, viele hatten Hungerödeme und gingen mit dem Trainingsanzug ins Bett, um es einigermaßen warm zu haben. Gekleidet wie Vogelscheuchen und auch so aussehend, hungerten und froren wir endlose Tage und Nächte vor uns hin, und die meisten Familien kämpften ums Überleben. Für die Kinder blieb da wenig Zeit. Trotzdem versuchten die Mütter so etwas wie ein Familienleben zustande zu bringen, sich als Trümmerfrauen bessere Lebensmittelkarten zu verschaffen und ihre Kinder zu erziehen.

Unsere Wünsche damals würden den heutigen Jugendlichen nur ein mitleidiges Lächeln entlocken: Schuhe, die passten und nicht eine Nummer zu klein oder zu groß waren, ein eigenes Bett mit richtigen Kissen und einer Steppdecke, einen eigenen Herd, den man nicht mit vier anderen Frauen teilen musste, eine Badewanne mit ständig nachfließendem warmem Wasser, in der man Stunden verbringen konnte, womöglich noch mit einer herrlich duftenden Seife. »Nur wer die Sehnsucht kennt, weiß was ich leide« bedeutete für uns damals etwas anderes als für unseren Dichterfürsten Goethe: Schon wenn es irgendwo nur nach Frischgebackenem roch, floss uns das Wasser im Mund zusammen, und wir dachten nur noch an essen, was wir dann vielleicht in späteren Jahren ein bisschen zu reichlich getan haben. Ja, wir waren wirklich arm, denn wir hatten kaum Geld, und das bisschen, was man dafür kaufen konnte, war rationiert.

Aber arm zu sein bedeutete nicht, dass man die Kinder verkommen ließ. Solche Kinder sind nicht im eigentlichen Sinne arm – sie sind arm dran, weil manche Eltern sich nicht die Mühe machen, ihnen überhaupt eine warme Mahlzeit zu kochen, und das Geld, das sie vom Steuerzahler für die Kinder bekommen, lieber in Alkohol umsetzen. Viele Eltern, die zur – wie es heute so schön heißt – »bildungsfernen Unterschicht« gehören, erziehen ihre Kinder zu ordentlichen Menschen. Tüchtig kann jeder auf seine eigene Weise sein, ob er nun gebildet ist oder nicht, viel oder wenig verdient. Das wissen vor allem wir Alten, denn für uns ist zum Beispiel ein guter

Pfleger im täglichen Leben wichtiger als der noch so berühmte, mit dem Nobelpreis ausgezeichnete Fachmediziner.

Aber natürlich sind auch unsere Ansprüche mit der Zeit sehr gestiegen. Nur können wir wenigstens noch vergleichen, wie es war – die Wohnung im sechsten Stock, selbstverständlich kein Fahrstuhl, das Klo im Treppenflur, die gemeinsame Waschküche im Keller, und im Winter ein Kanonenofen, der alle Augenblicke ausging. Deshalb fühlen wir uns, auch wenn es mit der Rente wegen der schleichenden Inflation immer enger wird, nicht wirklich arm, sondern nur arm dran, weil der Körper sich allmählich auf Sparflamme stellt und in Zukunft immer weniger Menschen bereit sein werden, als schlecht bezahlte Altenpfleger zu arbeiten. Dann sind es schmucke Roboter, die uns mit seidenweich gepolsterten Händen die Tränen abwischen und uns tröstend in die metallenen Arme schließen. Jedenfalls ist man in Japan mit diesen Produkten schon auf dem besten Wege. Bald werden sie uns mit leicht knarziger Stimme einen »guten Morgen« wünschen und uns mit allem Nötigen versorgen. Im Gegensatz zu den Menschen gibt es den bildungsfernen Roboter nicht. Der Roboter von morgen kann ebenso gut Wilhelm Busch zitieren wie Nägel schneiden, Haare kämmen und uns waschen. Während wir im Heim sehnsüchtig auf den Besuch des nun auch schon siebzigjährigen Sohnes warten, wird statt seiner der Pflegeroboter zum ersten Mal das Zimmer betreten und zitieren: »Stets findet Überraschung statt, da, wo man's nicht erwartet hat«, und wir werden vor uns hin murmeln: »Bestimmt war den Kindern wieder das Wetter zu schlecht. Keinen Mumm, diese Nachkriegsgeneration.«

Auf der Suche

Wir Alten sind ständig auf der Suche – nicht so sehr nach der verlorenen Zeit, sondern eher nach den banalen Dingen des Alltags, wie etwa der Brille, den Hörgeräten, dem Portemonnaie, der Versicherungskarte, der EC-Karte oder dem Hausschlüssel – um nur einige zu nennen. Diese zeitraubende Sucherei kostet uns Stunden unseres schrumpfenden Lebens.

Glücklicherweise ist Vergesslichkeit nicht nur bei uns Alten zu finden, auch noch jugendliche Jeansträger, wie die Chefs von Banken und Firmen, kehren auf dem Weg zur Arbeit um, weil sie erst eine Akte, dann das Handy oder den Autoschlüssel und schließlich die Verabschiedung von der Ehefrau vergessen haben. Insofern befinden wir uns also in bester Gesellschaft mit vitalen, flexiblen und nervenstarken Menschen.

Leider sind nun manche der vermissten Gegenstände sehr empfindlich; die Brille ist außerdem noch suizidgefährdet. Anstatt auf der wirklich ausreichend breiten Armlehne des Sessels, wo man sie abgelegt hat, artig liegen zu bleiben, bis man wieder nach ihr greift, lässt sie sich auf den Teppich gleiten und möglichst dorthin, wo die Füße sind. Man steht auf und es macht »knack«. Außerdem ist sie immer schmuddelig – wenn man sie aufhebt und prüfend gegen das Licht hält, sehen ihre Gläser aus, als hätte man sie gerade aus einer Pfütze gefischt. Wahrscheinlich denkt sie oft, dass ihr sowieso kein langes Leben beschert ist angesichts des rasanten technisch-medizinischen Fortschritts, der es in Zukunft möglich machen wird, nicht nur eine neue Linse, sondern mühelos zwei neue Augen einzusetzen, so dass man nur noch über die Farbe nachzudenken braucht: »Grün, gnädige Frau, würde wundervoll zu Ihren Haaren passen und ist auch im Moment sehr gefragt.«

Natürlich hat jeder vernünftige Senior eine Zweitbrille, nur sind Brillen merkwürdigerweise sehr solidarisch – ist die eine weg, verschwindet die zweite auch und bleibt unauffindbar. So muss man mit einer längst ausrangierten vorliebnehmen, deren riesige Gläser unser halbes Gesicht bedecken und deren Schärfe gerade dazu reicht, sich vorsichtig durch die Wohnung zu tasten.

Aber Bangemachen gilt nicht! Wir gehen trotzdem ins Theater. Schließlich haben wir uns lange genug auf diese Aufführung gefreut, und die beiden Hauptdarsteller gehören zu unseren Lieblingen. Außerdem kostet die Karte heutzutage so viel wie früher vier Logenplätze, und man kann sie nicht einfach verfallen lassen, egal ob man seine Lieblinge nur als Schemen sieht. Ihre wundervollen geschulten Stimmen sind schon allein ein Hochgenuss, denn unsere Ohren sind noch gut in Schuss – eine Meinung, die im Freundeskreis und von der Familie nicht geteilt wird.

Senioren, die die Hausklingel immerhin noch zirpen hören, genau wie die unter ihrem Fenster vorbeijagende Polizeisirene, können gar nicht dankbar genug sein. Damit brüsten sollten sie sich jedoch lieber nicht, denn dann fällen Familie und Freundeskreis das Urteil: Hörgeräte! Dem sich zu widersetzen, fehlen den meisten von uns die Nerven.

Diese Geräte sind, wenn man der Werbung glaubt, jedem auch noch so gut hörenden Ohr weit überlegen. So scheint denn die Hörgerätebranche mit gewissem Wohlgefallen zuzusehen, wie die Jugend eifrig alles tut, um möglichst schnell in den Genuss dieser herrlichen Apparate zu kommen. Senioren, die in der Nähe eines Treffs wohnen, in dem sich unser Nachwuchs austobt, können das nur bestätigen. Aber diese kleinen Geräte haben durchaus ihre Probleme, mal abgesehen vom Preis. Von dem Geld, das wir dafür ausgeben müssen, könnte man sich glatt vier Urlaubsreisen zu den schönsten Plätzen der Welt leisten, denn unsere Krankenkasse verhält sich leider mit Zuschüssen immer zurückhaltender. Deshalb sollte man dieses Wunder der Technik förmlich in Watte packen, indem man es wenigstens nachts sorgsam in das ihnen zugedachte Schächtelchen legt, mit dessen Gestaltung sich der Hersteller viel Mühe gegeben hat, damit es dem hohen Preis entspricht. Doch das genau tun wir nicht – oder nur am Anfang. Im Laufe der Zeit haben wir uns angewöhnt, recht sorglos mit dieser Kostbarkeit umzugehen, besonders die Herren, wenn sie sich ihres Pullovers entledigen, die Geräte dabei unbemerkt herausziehen und durch die Luft segeln lassen. Was ihnen aber erst auffällt, wenn die Nachrichtensprecherin plötzlich redet, als hätte sie eine Kartoffel im Mund. Dieses farblich unauffällige Produkt – natürlich haben wir die neuerdings angebotenen knalligen Bonbonfarben weit von uns gewiesen, was wir jetzt bereuen – ist auf hellen Teppichen, Stühlen oder Sofas so gut wie unsichtbar. In solchen Augenblicken leidet unsere Brille wieder einmal unter dem Pfützensyndrom, dazu kommt die Angst, auf die Geräte zu treten – und so suchen wir verzweifelt am Rande einer Nervenkrise, während das eine Gerät friedlich im Bücherregal liegt und das andere im Azaleentopf.

Hightechgeräte haben übrigens auch bei sorgfältigster Behandlung so ihre Tücken. Während man sich bei einer festlichen Veranstaltung gerade angeregt unterhält, geben sie ihren Geist auf, und man kann immer nur lächelnd nicken, obwohl man kein Wort mehr versteht. Auf den klugen Gedanken, für solche Fälle Reservebatterien zur Hand zu haben, kommen wir selten.

Hörgeräte-Akustiker, die Hausbesuche machen, können da die schönsten Geschichten erzählen; man glaubt nicht, was diesen unglücklichen Geräten alles passiert – sie fallen ins Klo, werden vom Hund zerkaut oder landen in der Waschmaschine, wo sie sich mit der Sechziggradwäsche im Kreise drehen.

Hausschlüssel wiederum fühlen sich anscheinend in Mülltonnen besonders wohl. Mir jedenfalls ist es schon dreimal passiert, dass mit der wohlgefüllten Plastiktüte, in der ich meine Abfälle entsorgte, sich auch mein Hausschlüssel von mir verabschiedete und mit in die stinkende Höhle glitt, wo er es sich in einem Joghurtbecher gemütlich machte, aus dem ich ihn mühsam herausfischen musste. Hausschlüssel begeben sich sowieso gern auf die Wanderschaft. Sie lieben Papierkörbe, den Kofferraum, schlüpfen mit Vorliebe unter Autositze und bleiben, wenn sie nicht weg können, eben einfach in der Wohnungstür stecken – von außen.

Ständig sind wir auf der Suche nach all den Dingen, die wir gern als »einzige« bezeichnen: dem einzigen Kugelschreiber, der deutlich schreibt und gut in der Hand liegt, dem einzigen Kamm, der beim Kämmen unserer zugegebenermaßen etwas dünn gewordenen Haare nicht so kratzt, dem einzigen Küchenmesser, das schneidet, dem einzigen Kochtopf, in dem die Milch nicht anbrennt.

Leider besitzen wir Singles etwas sehr Nützliches nicht, was Familien unter dem Namen »irgendjemand« gute Dienste leistet: »Irgendjemand hat schon wieder meine Schere aus dem

Etui genommen.« Die geliebten Enkelkinder geraten am schnellsten in Verdacht. Zu Besuch bei den Großeltern sind sie Meister darin, überall herumzuschnüffeln, mit Vorliebe in Omas Schrank, um dann mit dem Gefundenen Unfug zu treiben oder sich zu verkleiden. Ja, sie scheuen sich nicht, den Hund mit einem teuren Hermès-Tuch zu schmücken oder sich selbst mit Omas Ohrringen – und wo sind die jetzt geblieben? Dann fällt der Großmutter gleich wieder die Geschichte von der kleinen Leonie ein, die bei einer Hochzeit die Schleppe tragen durfte, und was blitzte da an ihrem Hals? Die Kette mit dem riesigen Brillanten, die bereits den Dreißigjährigen Krieg, angeblich einen schweren Bombenangriff, die Flucht und die Russen überstanden hatte, und dieses Heiligtum am Hals dieser Göre! Aber o Wunder – die vermissten Ohrringe sind plötzlich wieder da und genau dort, wo sie hingehören! Was gibt es da zu lachen? Man kann ja schließlich mal was übersehen.

Auch der Großvater hat mal wieder den falschen Verdacht. Er könnte beschwören, dass er, bevor er sein Mittagsschläfchen machte, den Autoschlüssel auf die Ablage in der Garderobe gelegt hat, und schon weiß er den Übeltäter zu nennen: Enkelsohn Christian, gerade den Führerschein erworben, aber noch autolos und verrückt auf kleine Spritztouren. Der hat sich bestimmt den Schlüssel geschnappt, und ab geht die Post – man kennt das ja, deshalb ist die ganze Sucherei auch völlig überflüssig.

»Finde ich nicht«, sagt die Großmutter, und siehe da, in kürzester Zeit hat der Schlüssel sich wieder angefunden. Er liegt beim Opa in der Nachttischschublade.

Der Enkelsohn grinst: »Suchet, so werdet ihr finden.«

Der Großvater lächelt etwas geniert zurück. »Tut mir leid, mein Junge, irgendjemand muss ihn in die Schublade gelegt haben. Aber egal, Hauptsache er ist wieder da.«

Er wirft dem Enkelsohn den Schlüssel zu. »Vor Mitternacht will ich ihn wieder im Stall stehen sehen.«

Die Schwiegertochter kommt herein, sie ist sichtlich beleidigt, dass man ihren Liebling verdächtigt hat. Immer ist ihr Christian Opas Sündenbock, das arme Kind. »Vielleicht solltest du mal an einem Gedächtnistraining teilnehmen«, sagt sie mit einem süßlichen Lächeln zum Schwiegervater.

»Gute Idee, das könnten Christian und ich dann gemeinsam machen, nicht wahr, mein Junge, oder stimmt es etwa nicht, was mir deine Mutter erzählt hat, nämlich dass du dreimal hintereinander vergessen hast, die Tür zum Gefrierschrank zu schließen?«

Der Enkelsohn nickt grinsend und wirft seiner Mutter einen Blick zu: »Mutter, du nervst.«

Nachbarin, Euer Fläschchen

Leider ist das bei unseren Vorfahren so beliebte Riechsalz ganz aus der Mode gekommen. Wir, die Generation siebzig plus, behelfen uns mit einem vom Apotheker empfohlenen Mittel, das bei Unruhezuständen wahre Wunder wirken soll – und beunruhigt sind wir schnell. Wir erschrecken uns halb zu Tode, wenn uns auf dem Zebrastreifen ein Rechtsabbieger den Weg abschneidet, wir über meterlange Hundeleinen stolpern, an deren Ende eine Handvoll Hund hängt, und uns in einem Geschäft der donnernde Beat einer Musikbeschallung begrüßt, bei der man sich mit der Verkäuferin nur noch in Zeichensprache verständigen kann.

Uns beunruhigen zu kurz geschaltete Ampeln, glitschiges Laub, schlecht gestreute Fußwege, unerwartete Treppchen und Stufen, mit denen die Architekten gern unsere Straßen und Gebäude gedankenlos schmücken, Mitmenschen, die einem an der Kasse mit ihren Einkaufswagen aufmunternde Schubse versetzen und uns dadurch das verkramte Portemonnaie erst recht nicht finden lassen. Auch dass man Hinweise und Erklärungen nur noch auf Englisch serviert bekommt, verwirrt uns, so dass so mancher mobilitätseingeschränkte Senior seine liebe Mühe hat, das Serviceteam am Servicepoint zu finden.

Ebenso geht es uns mit den hoch oben angebrachten Hinweistafeln auf den Bahnhöfen, die wir nicht mehr lesen können, und wir fragen uns, warum die Wegstrecke nicht mehr wie früher deutlich lesbar an jedem Waggon vermerkt ist. In totale Panik jedoch gerät der Hochbetagte, wenn er den Waggon, in dem fürsorgliche Familienmitglieder ihm vor Wochen einen Fensterplatz gebucht haben, nicht finden kann. Man hat ihn kurzerhand, aus was für Gründen auch immer, vom Plan gestrichen, so dass die ganze Fürsorge vergeblich war, und der nette Mensch, der den Fahrgast abholen wollte, vollends verwirrt ist. Denn wie soll er nun auf dem überlangen Bahnsteig im Menschengewühl den armen Greis finden? Inzwischen hat ein abgehetzter Schaffner den unglücklichen Fahrgast mit den Worten »Hier habe ich noch ein schönes Plätzchen für

Sie« auf einen Platz hinter einem Tisch kompli-
mentiert, unter den er seine Beine zwängen
muss, und statt blühender Landschaften erblickt
er nun nur noch hin und her wandernde Reisende, die sich durch den Gang drängen, der zum
Bistro führt.

Doch der Schrecken aller Schrecken sind Rad-
fahrer im Dunkeln, die sich dem Wahn, Menschen hätten Augen wie Katzen, hingeben, und
das in rasendem Tempo. Dann entschlüpft einem doch hin und wieder ein Wort, das mit »A«
anfängt und wofür – wie man häufig genug lie-
bevoll erzieherisch dem Enkel erklärt – einem
früher als Kind der Mund mit Seife ausgewa-
schen worden wäre.

Aber nicht nur in freier Wildbahn lauern auf
uns Angst und Schrecken – sogar in der eigenen
Wohnung werden wir davon nicht verschont.

Über das Rollo im Schlafzimmer, das uns
tagsüber vor der Sonne schützt und nachts vor
dem Licht der Straßenlaternen, haben wir beim
Rauf- und Runterziehen nie viel nachgedacht.
Doch plötzlich bekommt es einen Wutanfall,
dreht sich in rasendem Tempo um sich selbst
und springt aus der Halterung. Als man es, auf
der Leiter stehend, mit lebensbedrohlichen Ver-

renkungen wieder in Ordnung gebracht zu haben meint, hängt es vor lauter Überanstrengung nur noch schlapp herunter und rollt sich nicht mehr auf.

Aber das ist nicht das einzige Beklagenswerte an diesem Tag: Sozusagen im gleichen Atemzug verabschieden sich der Wasserkocher in der Küche von uns, die Glühbirne aus der Nachttischlampe und ein oft und gern benutzter Kugelschreiber. Der Haken, an dem die Waschlappen hängen, löst sich von den Kacheln und fällt in die Badewanne, die Tür zum Wohnzimmer fängt an zu quietschen, und das Plätteisen verursacht einen Kurzschluss.

Fast sämtliche technischen Geräte, die ich als Autorin fast dreißig Jahre lang benutzt hatte, gaben eines Tages plötzlich ihren Geist auf – eine Katastrophe! Manchmal denke ich, dass all die Gegenstände, die uns so klaglos dienen und die wir so wenig beachten, in einer Gewerkschaft sind und ab und zu in Streik treten, um uns zu zeigen, was wir ohne sie wären und wie dumm wir dann dastünden.

Aber das helle Entsetzen wartet auf uns, wenn wir gerade gemütlich vor dem Fernseher sitzen, nichts ahnend – »Kaiser Wilhelm saß ganz heiter, dacht an Ems und gar nichts weiter« – aufstehen und uns in die Küche begeben wollen, um uns etwas Leckeres zu holen. In diesem Moment kommen wir ins Stolpern, es wird uns schwindelig oder uns versagen die Beine. Selbstverständlich haben wir für alle Fälle bei der Nachbarin einen Schlüssel deponiert, und wir brauchen nur kräftig an die Wand zu klopfen, dann ist gleich jemand zur Stelle. Da liegen wir nun und denken: »O Gott.« Aber da rollt schon die Lawine über uns – erst die Nachbarin, dann der Notarzt und der Notfallwagen, und ehe überhaupt ein freundlicher Mensch einem die richtigen Socken und die richtigen Papiere herausgesucht hat, wird man schon von den voll im Einsatz befindlichen Sanitätern, auf die noch mehr Kunden warten, gemahnt: »Geht es nicht ein bisschen schneller?«

Natürlich passieren solche Katastrophen nur am Wochenende, an Feiertagen oder in den Ferien, wenn sich alles, was einen weißen Kittel trägt, zum großen Teil im Urlaub befindet. Das erste Krankenhaus belegt, das zweite Krankenhaus belegt, erst das Krankenhaus am Rande der Stadt ist bereit, dem Patienten noch ein Plätzchen einzuräumen. Für einen Notfall wie diesen braucht es starke Nerven und einen wachen Geist, und beides ist einem gerade total abhanden gekommen.

Die Untersuchungen sind professionell und gründlich. Am Ende birgt der Körper keine Geheimnisse mehr. »Woher stammt denn diese lange Narbe an Ihrem rechten Bein?«

»Bombensplitter, Herr Doktor.«

»Bombensplitter? Sind Sie in einen terroristischen Anschlag geraten?«

»Nein, aber in einen Bombenangriff auf Berlin.«

Ist es tatsächlich erst zwölf Stunden her, dass man hier eingeliefert wurde? Dem Patienten kommt es vor, als wäre es eine Ewigkeit.

»Was nehmen Sie denn für Medikamente? Schon gut, ich sehe. Die vergessen wir mal gleich. Hier kriegen Sie etwas ganz anderes.«

Am nächsten Tag geht es erst richtig zu Sache. Spärlich bekleidet sitzt man überall herum, zur Blutabnahme, zum Röntgen, zum EKG, und man gibt, das verraten einem die Blicke, zu den gestellten Fragen immer die falsche Antwort. Außerdem ist man immer noch etwas durcheinander.

Endlich liegt man wieder in seinem Bett. Es

ist reichlich schmal, und eine zweite Decke könnte man auch gut gebrauchen. Am Nachmittag kommt eine nette, proper aussehende Frau zu uns, Typ reizende junge Ehefrau für den Enkel. Sie hält uns eine bebilderte Tafel unter die Nase, zeigt auf etwas und sagt akzentuiert: »Hase«, und der Patient, brillenlos und ohne Hörgeräte, antwortet gehorsam: »Tanne.«

Lebertran und Ballistol

In unserer Generation waren Ärzte, vor allem auf dem Lande, Halbgötter, die man in Kindheits- und Jugendjahren nur bei Lebensgefahr und Unfällen zu Gesicht bekam und allerdings bei der Pockenimpfung, deren Narben ein Leben lang unsere Oberarme oder Schultern zierten. Natürlich wurden die meisten Kinder im Dorf von den üblichen Kinderkrankheiten nicht verschont, aber für das bisschen Masern, Röteln, Windpocken und wer weiß was noch musste man ja den Herrn Doktor nicht gleich bemühen. Schließlich war ihm solcher Lappalien wegen eine Fahrt im Einspänner bei Sturm und Regen, Eis und Schnee oder großer Sommerhitze nicht zuzumuten. Anders sah es bei Scharlach, Diphtherie oder Tuberkulose aus. Auch gab es immer noch diesen und jenen im Dorf mit heilenden Händen oder mit medizinischen Erfahrungen, wie die Hebamme.

Meine Eltern dachten wie das Dorf. Einen Arzt

wegen nichts und wieder nichts zu holen, nur weil das Kind ein bisschen pimpelte, womöglich noch in der Nacht, wäre ihnen nie in den Sinn gekommen – da mussten schon hohes Fieber oder starke Schmerzen der Grund sein. Außerdem war meine Mutter im Ersten Weltkrieg Rote-Kreuz-Schwester gewesen und kannte sich in der Pflege aus. Medizinischen Rat holte sie sich aus dem damals in fast keinem Haushalt fehlenden Buch »Die Frau als Hausärztin«. Wenn es sich aber dann trotzdem nicht vermeiden ließ, den Arzt zu rufen – was auch so seine Schwierigkeiten hatte, da er weit vom Schuss wohnte und es im ganzen Dorf nur ein Telefon gab –, wurde er mit allen Ehren empfangen. Der junge Doktor, der die Praxis seines Vaters übernommen hatte, versteckte sein Gesicht unter einem stattlichen Bart, denn wer als junger Mensch etwas darstellen wollte, musste auf korrekte Kleidung und würdevolles Benehmen achten, damit er älter wirkte, als er war. Ehe er den Patienten untersuchte, wärmte er fürsorglich seine Hände am Kachelofen und ließ sich von meiner Mutter berichten, was sie denn so an bewährten Hausmitteln bereits angewendet hatte: Brust- und Wadenwickel, Lindenblütentee, Milch mit Honig,

Hühnerbrühe, Holunderbeersaft, eben so das Übliche. Währenddessen horchte er den Patienten ab, ließ ihn »Aaaa« sagen, nickte zustimmend. Nur wenn Wörter wie Melkerfett oder Ballistol fielen, zwei Substanzen, auf die Vater als Allheilmittel schwor und die in unserem Hause bei uns Kindern deshalb gern innerlich und äußerlich angewendet wurden, zuckte er leicht zusammen. »Sicher, Ballistol ist hin und wieder ganz brauchbar, aber eben doch ein Gewehröl.«

Da er nun mal gerade im Hause war, wurde er von Mutter noch darauf hingewiesen, dass das kranke Kind in jüngster Zeit an schlechten Träumen litt. »Nun ja«, sagte er und tätschelte meine Wange, »aber keine Sorge, das verwächst sich wieder.« Dann verordnete er etwas Stärkendes. Das Stärkende war, wie gewöhnlich, Lebertran, aber nicht etwa die wohlschmeckende Emulsion, sondern das preiswertere Produkt »Tran pur«, das die Eigenschaft besaß, immer wieder von dem empörten Magen nach oben geschubst zu werden. Heute würde ein Kind dieses Teufelszeug glatt verweigern und die Erwachsenen dem Arzt, der so etwas verordnete, seelische Grausamkeit vorwerfen, damals jedoch hieß es: Nase zuhalten und runter.

Außerdem käme heute ein Kind mit »schlechten Träumen« nicht mehr zu einem Feld-Wald-und-Wiesen-Arzt, sondern zu einem Spezialisten, einem im Freundeskreis hoch gepriesenen Professor, der häufig auf dem Bildschirm zu sehen ist. Im Gegensatz zu seinen Kollegen vor siebzig Jahren legt er großen Wert darauf, so auszusehen, als hätte er gerade eine Wellnessfarm besucht. Mit jugendlichem Elan schüttelt er dem achtjährigen Patienten die Hand und begrüßt ihn mit einem »Na, Kumpel«. Auch die Gegensätze zwischen den Kindern von damals und heute sind groß. Während wir vor lauter Schüchternheit eher etwas einfältig wirkten, plappert der kleine Patient von heute gleich munter drauflos und erzählt dem Professor seine Träume in epischer Breite. Die Mutter ist entzückt, der Arzt weniger. »Du bist ja ein ganz kluges Kerlchen«, sagt er lachend, doch sein kühler Blick, der die Mutter streift, sagt etwas anderes. Die Diagnose aber gleicht der seines Kollegen aus grauer Vorzeit: »Das verwächst sich wieder.« Das Medikament, das er verschreibt, ist wesentlich schmackhafter als unser Lebertran, dafür die Rechnung sehr viel höher.

Soweit ich mich erinnere, waren meine Eltern

in keiner Krankenkasse. Bezahlt wurde in bar. So auch der Chirurg, der mir, als ich elf war, den Blinddarm herausnahm. Er war ein Original, wie es früher in seinem Beruf viele gab, und sagte, während ich versuchte, gegen die Äthernarkose anzukämpfen: »Spuck der Schwester ordentlich ins Gesicht, wenn die dich nicht gleich einschlafen lässt.« Ich verbrachte eine Woche in der Klinik, was für damalige Zeiten äußerst kurz war, und das Ganze, inklusive Operation, kostete hundert Mark.

»Teures Kind«, seufzte Vater.

»Also wirklich!« Mutter schüttelte den Kopf.

Als ich dem Arzt noch einmal für die Nachuntersuchung vorgestellt wurde, erinnerte er meine Mutter an die – wie er meinte – noch offenstehende Rechnung. Ihr Hinweis, dass sie diese längst bezahlt und er das Geld vor ihren Augen in einen Blumentopf gesteckt habe, leuchtete ihm sofort ein. »Stimmt«, sagte er, griff in den Topf und zog das Geld heraus.

Im Krieg wurde man nicht mehr zu einer Untersuchung bestellt, sondern gemustert. Meine erste Musterung fand für den Arbeitsdienst statt. »Sagen Sie mal neunundneunzig, einatmen, ausatmen, nicht mehr atmen, drehen Sie den Kopf nach links, drehen Sie den Kopf nach rechts, welche Kinderkrankheiten haben Sie gehabt?« Und schon hieß es: »Die Nächste, bitte.« Beim Arbeitsdienst dann musste der zuständige Lagerarzt nach dem Rechten sehen und auch Herz und Lunge kontrollieren. Er war ein alter Parteigenosse mit recht flottem Mundwerk. Als er jedoch die Eleganz unserer Büstenhalter miteinander verglich und benotete, uns noch dazu duzte und mit »Piefke« ansprach, beschwerten wir uns – teils empört, teils freudig angeregt von dem herrlichen Gesprächsstoff, der sich dadurch ergab – bei der Lagerführerin. Sie war gerade einundzwanzig und hatte diesen Beruf gewählt, weil er ihr gute Chancen bot, voranzukommen. Trotzdem setzte sie mit viel Zivilcourage ihre Karriere aufs Spiel, indem sie, ohne darüber nachzudenken, sofort dafür sorgte, dass der Arzt das Lager nicht mehr betreuen durfte.

Die Kriegs- und Nachkriegszeit war für den Ärztenachwuchs eine harte Bewährungsprobe, aber sie hatten den Krieg – viele von ihnen als Flakhelfer – hautnah zu spüren bekommen und waren auch hart im Nehmen. Man musste sich jeder Situation anpassen, improvisieren und schnelle Entscheidungen treffen können. Die

Krankenhäuser in der Nachkriegszeit waren in einem jämmerlichen Zustand. Es fehlte an allem, nur nicht an Patienten, denen zwangsläufig ebenso viel abgefordert wurde. Das, was der junge Arzt erträumte – ein eigenes Heim, ein geregeltes Einkommen und Karriere –, lag in weiter Ferne. Die Realität sah anders aus. Der junge Arzt konnte zufrieden sein, wenn er eine Notunterkunft im Krankenhaus fand, und seine Freizeit war äußerst knapp bemessen. Aber sein Beruf besaß weiterhin einen uneingeschränkten Nimbus.

Schon im Krieg spielten Ärzte in den als Ablenkung vom Kriegsgeschehen gedachten Filmen eine tragende Rolle – und in den Nachkriegsfilmen war das nicht anders, die deshalb bei den Zuschauern besonders beliebt waren. Es war immer dasselbe wundervolle Klischee: Eine bildhübsche Patientin lag in einem riesigen, sonnendurchfluteten, frisch gebohnerten Einzelzimmer. Gut aussehende, mit Blumensträußen bewaffnete junge Herren gaben sich gegenseitig die Klinke in die Hand. Und dann kam die Visite – der Herr Professor, umgeben von einer Schar ebenso gut aussehender Assistenzärzte, dicht neben ihm eine feldwebelmäßige Oberschwester. Er fühlte den Puls der entzückenden Patientin und fragte den weiblichen Feldwebel: »Das sieht ja alles schon sehr gut aus, aber wie steht es mit dem Appetit?«

»Könnte besser sein, aber wir bemühen uns«, sagte die Oberschwester.

»Brav«, sprach der Professor, »Essen ist wichtig, liebe gnädige Frau«, und tätschelte sanft die Hand der Kranken, »sonst können wir Sie noch nicht nach Haus zum Herrn Gemahl schicken.« Die Patientin seufzte, die weiblichen Besucher im Kino seufzten mit.

Für die jungen Ärzte nahm sich der Wohlstand Zeit, und erst in den siebziger Jahren gab es auch für sie Möglichkeiten, die sie sich am Anfang ihres Berufes nicht einmal vorstellen konnten: das eigene Haus, den Golfplatz, die Schiffsreise, den Urlaub in aller Herren Länder.

Nun ist eine neue Generation nachgerückt. Bei ihr ist bis jetzt alles nach Plan gegangen: Studium und Freizeit, Reisen und Vergnügungen im Wechsel. Aber jetzt, wo sie endlich beweisen kann, was an Kraft in ihr steckt und ungeduldig mit den Hufen scharrt, hat sich das Blatt gewendet. Der durch ein langes Studium erhoffte Wohlstand ist in weite Ferne gerückt.

»Ja, ja«, sagen wir Alten, »so ist nun mal die Jugend von heute, Klagen über Klagen. Den Berg rauf ist leichter als wieder runter.« Und dann klagen wir mit: Erst endloses Warten auf einen Termin, dann die vollen Wartezimmer, und ist man endlich dran, nicht mal wie früher der kleinste Plausch mit dem Herrn Doktor mehr möglich. Dabei zieht man doch alle Register und vergisst bei der Begrüßung auch nicht zu erwähnen, dass man schon Patient bei seinem Onkel war. »Tatsächlich«, sagt der Angesprochene, der gerade mit seinem Computer kommuniziert, abwesend, und er erinnert sich leider sofort, dass dieses von den Patienten angebetete Prachtexemplar eines Arztes ihn bei der Übernahme seiner Praxis ganz schön hat bluten lassen. Und auch der zweite Versuch des Patienten mit der Bemerkung »Sie sind ihm wie aus dem Gesicht geschnitten!« misslingt. Soweit sich der junge Arzt entsinnen kann, hatte er eine Knollennase und einen Schmerbauch. So ist sein Lächeln eher frostig, als er den Patienten bittet, den Ärmel hochzustreifen, damit er Blutdruck messen kann. Anschließend füllt er ein Rezept aus, das er ihm in die Hand drückt. Der Patient blickt misstrauisch: »Das Medikament kenne ich nicht,

Ihr Onkel hat mir immer etwas ganz anderes verschrieben. Ich glaube, das waren kleine grüne Dragees.«

Der junge Arzt atmet tief durch: »Es ist was Ähnliches«, sagt er schließlich, »aber noch wirksamer.« Ein leichter Ton von Ungeduld ist nicht zu überhören.

Nein, denkt der alte Patient traurig, als er sich aus dem Mantelwust im Wartezimmer seinen eigenen herausgezerrt hat, kein Herz mehr, die jungen Leute, und keine Zeit für eine nette Unterhaltung. Aber dann denkt er, doch immer noch besser als Krankenhaus, da wird man ja heutzutage bereits nach der schwersten Operation in kürzester Zeit wieder an die Luft gesetzt, ohne Rücksicht auf Verluste. Der Patient erinnert sich, dass es in seiner Familie eine Tante gab, die das Kreiskrankenhaus sozusagen als zweites Zuhause benutzte, was die reiselustige Verwandtschaft besonders zu Weihnachten eine sehr gute Idee nannte. Sie meldete sich regelmäßig über die Feiertage dort an. Der Hausarzt zeigte sich großzügig. Die alte Frau war schließlich achtzig, da hatte man schon reichlich Zipperlein aufzuweisen, um diesen Aufenthalt zu rechtfertigen. Von der Stationsschwester wurde sie überaus herzlich begrüßt. Ja selbstverständlich bekam sie dasselbe Zimmer und auch das gewünschte Bett, nicht zu nah am Fenster und nicht zu nah an der Tür. Erholt, gut aufgepäppelt und mit zwei Küchenhandtüchern beschenkt, kehrte sie in ihre Wohnung zurück. Nur einmal hatte es nicht geklappt. Die Familie sah sich gezwungen, zu Hause zu bleiben, ein immer wieder gern erwähntes Missgeschick.

Nicht anders ging es auf den Entbindungsstationen zu. Mit einem verlängerten Aufenthalt wurde großzügig umgegangen. »Warum kann meine Frau noch nicht entlassen werden«, beklagt sich der junge Vater beim Oberarzt, »sie ist doch putzmunter und das Baby auch. Sie wird dringend zu Haus gebraucht, schon wegen der vielen schmutzigen Wäsche.«

Der Oberarzt lächelt gütig. »Das ist genau der Grund, warum wir sie noch hierbehalten.«

Dann, in seiner nostalgischen Erinnerung, fällt dem Patienten rechtzeitig ein, dass früher auch nicht alles immer so rosig war, als es noch Krankensäle gab und mittendrin den Schreibtisch des Stationsarztes. Wie lange musste man nach der Operation auf einen Schluck Wasser und die nächste Morphiumspritze warten!

Ein gemütliches Krankenhaus wie früher und die Medizin von heute, das wäre wie ein Billigflieger um die Ecke, aber bitte geräuschlos und umweltfreundlich! Und dann fällt ihm noch ein, wie er vor einer Reihe von Jahren in eine Universitätsklinik zum Röntgen überwiesen worden war. Die Abteilung war in einem feuchten, ungemütlichen Keller untergebracht, wo man zu Dutzenden stundenlang saß, auf unbequemen Bänken unter rostigen Rohren, aus denen das Wasser auf einen heruntertropfte, während S- und U-Bahnen bereits mit Polstersitzen ausgestattet waren.

Währenddessen denkt sich der Arzt auf dem Heimweg Todesarten für die Gesundheitsministerin aus, die ihm diese Gesundheitsreform beschert hat, in der man sich mehr mit organisatorischen Dingen beschäftigen muss als mit dem Eigentlichen, nämlich dem Patienten. Und dann wünscht er sich inständig, dass es Privatpatienten nur so vom Himmel regnet.

Wo ein Wille ist

Was andere fertigbringen, muss doch auch in unserer Familie möglich sein, sagte sich die Schwiegertochter, und hatte nach der Beerdigung der Schwiegermutter sogar Richard, ihrem Mann, von sich aus den Vorschlag gemacht.

»Wenn du meinst«, sagte Richard, sehr erleichtert, dass dieses Problem der Unterbringung so reibungslos gelöst werden konnte, »aber du weißt, die Länge macht die Last.«

»Alles nur eine Sache der Planung und der Organisation«, sagte seine Frau, durchdrungen von der Tüchtigkeit, die sie in ihrem Leben schon weit gebracht hatte. Außerdem mochte sie ihren Schwiegervater und hatte von Anfang an ein sehr gutes Verhältnis zu ihm gehabt.

Tatsächlich sollte sie ihren Entschluss nicht bereuen. Der Schwiegervater erwies sich als überaus pflegeleicht – und nützlich noch dazu. Er paukte mit den Kindern Vokabeln, begleitete sie zu Sportveranstaltungen, kaufte ein und zog sich häufig taktvoll zurück, damit Eltern und Kinder genug allein zusammen sein konnten.

Die auch nicht mehr taufrischen Nachbarn waren des Lobes voll, obwohl es ja auch eine schöne Aufgabe für die junge Frau war – was machte sie sonst den ganzen Tag? Die paar Stunden, die sie in der Bibliothek arbeitete, waren ja wohl der Rede nicht wert. Ja, ja die jungen Frauen und die Arbeit, da konnte man doch nur lächeln. Und schon war man wieder mittendrin in den Erinnerungen an Waschzuber, Kohlenofen und Bohnerbesen. Aber dann, zum Schluss der Unterhaltung, kam man noch einmal auf das Lob zurück: Trotzdem war es schon sehr anerkennenswert, wenn man seinen Schwiegervater bei sich aufnahm. Schließlich hatte sie ja einen Ehemann und drei Kinder, die versorgt werden wollten – die beiden netten Jungen und das etwas heulsusige Mädchen.

Ein Jahr verging in großer Harmonie, und wenn andere Ehefrauen bewundernd fragten: »Wie schaffst du das bloß?«, sagte sie lachend den Spruch von dem Willen und dem Weg und der Planung auf.

Drei Tage vor Abreise in die Ferien mit Kind und Kegel, worunter in diesem Fall der Schwiegervater zu verstehen ist, sacken ihm, als er vom Frühstückstisch aufstehen will, plötzlich die Beine weg.

»Das ist nur das Reisefieber«, versucht sie sich und den alten Mann zu beruhigen. »Am besten, du legst dich noch ein bisschen hin. Vielleicht ist es ja auch der Kreislauf.«

Der Schwiegervater lächelt, aber nur sehr verstohlen, und denkt, alle reden immer vom Kreislauf. Er fühlt sich schuldbewusst – die Schwiegertochter hat keine Mühe gescheut, um ihn auf die Reise mitnehmen zu können. Sie hat für einen Platz im Flugzeug gesorgt, von dem er das Klo, das sie »ein gewisses Örtchen« nennt, schneller erreicht. Sie hat aufgepasst, dass er kein Medikament beim Einpacken vergessen und auch an sein Blutdruckmessgerät gedacht hat, und bei der Buchung eines Hotelzimmers die Dame im Reisebüro halb verrückt gemacht mit ihren drängenden Fragen, ob dieses Zimmer auch altersgerecht ausgestattet sei. Sie bleibt freundlich wie immer, aber er merkt ihr doch die gewisse leise Ungeduld an, die aus einer Enttäuschung entsteht.

Sie versucht, den Schwiegervater hochzuziehen, sie ruft nach ihrem Mann – eben war er doch noch hier, wohin ist er plötzlich verschwunden? »Richard, kommst du bitte mal?« Als keine Reaktion erfolgt, macht sie sich auf die Suche, und wo findet sie ihn? Sie kann es kaum glauben. Da sitzt doch dieser Mensch vor dem Computer, ganz vertieft in irgendwelche Computerspiele – da fragt man sich wirklich! Aber auch die beiden netten Jungen und die heulsusige Tochter sind von der Bildfläche verschwunden. Man kennt das ja schon, immer muss man alles allein machen. Ihr Ältester, ihr Liebling, ist von diesem Vorwurf ausgenommen – der ist sicher dabei, die Sonntagszeitung auszutragen. Sie lächelt vor sich hin, als sie an ihn denkt. Er ist ein kleiner Gernegroß und glaubt, dass er durch diese Tätigkeit den großen Durchblick bekommt, der seiner Mutter doch sehr fehlt.

Mit Richards Hilfe bringt sie den Schwiegervater in sein Zimmer und setzt ihn auf seinen vertrauten Sessel. Das Ehepaar sieht sich an: Die Reise mit ihm zusammen kann man wohl vergessen. Allein zu Haus kann man ihn nicht lassen, aber auf den Urlaub seinetwegen ganz verzichten möchte man auch nicht. Einmal im Jahr muss man wenigstens von allem weg. Was also tun? Sophie muss ran!

Diese ferne Verwandte ist zwar auch schon an die siebzig, was ja in der heutigen Zeit wirklich noch kein Alter ist. Bis auf ihren häufigen Ischias und ein leichtes Asthma ist sie recht gut beisammen. Sehr bequem ist sie allerdings nicht – solange sie zur Verfügung steht, muss nach ihrer Pfeife getanzt werden. Deshalb fällt auch das Urteil der Familie über sie je nach Stand der Dinge aus. Wenn sie nicht gebraucht wird, ist sie eine neunmalkluge alte Jungfer, aber sobald sie zur Hilfe eilt, ein Rührstück voller Herzensgüte, das man einfach lieben muss.

Die Schwiegertochter hat Glück, Tante Sophie sagt zu. Schon morgen wird sie sich auf den Weg machen. Erleichterung breitet sich in der Familie aus. Die Schwiegertochter eilt in das Zimmer ihres Schwiegervaters, um ihm die gute Nachricht zu überbringen. »Ich denke mal, das ist wirklich besser für dich. Die Reise wäre doch im Augenblick ein bisschen riskant. Schon allein die engen Sitze im Flugzeug.«

Der Schwiegervater verzieht ein wenig das Gesicht, als er den Namen Sophie hört. Sie ist nicht unbedingt sein Fall, obwohl auch er ihre Tüchtigkeit anerkennt. Aber dann ringt er sich ein Lächeln ab und findet zur Erleichterung der

Schwiegertochter alles eine gute Idee. Sie setzt sich zu ihm, und sie plaudern ein bisschen über seine vielen Reisen, als die Schwiegermutter noch lebte. Er hat ja wirklich eine Menge von der Welt gesehen. Also, so tröstet sie sich, kann er auf diese Reise gut verzichten. Er mustert sie ein wenig belustigt: »Du musst dir nicht so viele Gedanken über mich machen«, sagt er sanft.

Sie sieht sich im Zimmer um – es ist alles wie sonst und tadellos aufgeräumt. Ihr Schwiegervater war immer ein sehr ordentlicher Mann. Trotzdem wird sie das unbehagliche Gefühl nicht los, dass sich irgendetwas verändert hat. Aber was? Wie er da so liegt und sie anguckt, ist sie nahe daran, in Tränen auszubrechen, und sie sagt, und es kommt von Herzen: »Hör zu, es ist wirklich kein Problem für mich, zu Haus zu bleiben. Richard kommt gut allein mit den Kindern zurecht. Wirklich, es ist kein Opfer.«

Der alte Mann lächelt nicht mehr – er lacht. »Na, da möchte ich mal deinen Richard sehen, der kriegt, wie die Kinder sagen würden, echt die Krise. Aber vielen Dank für das Angebot. Mach dir keine Sorgen, Sophie und ich werden uns prächtig verstehen.«

Am Nachmittag kommt der Hausarzt noch

einmal vorbei und untersucht ihn gründlich. Er ist ein maulfauler Typ und kriegt auch diesmal auf ihre Frage, ob es etwas Ernsthaftes sei, die Zähne nicht auseinander. Als er seine Tasche schließt, murmelt er etwas wie: »Es kommt vom Ganzen, aber«, fügt er dann hinzu, »er hat ja eine gute Kondition, er wird sich schon wieder erholen.«

Teils erleichtert, teils immer noch vage beunruhigt, widmet sich die Schwiegertochter wieder ihren häuslichen Pflichten.

Einen Tag vor der Abreise ist der Schwiegervater wieder ganz der Alte, erscheint pünktlich zu den Mahlzeiten und drückt jedem von den Enkeln ein Scheinchen in die Hand – »ein bisschen Proviant«, sagt er. Er begrüßt auch am Abend seine »Wärterin«, wie er Tante Sophie nennt, ehe er ins Bett geht.

Am nächsten Morgen – so gegen fünf Uhr – erscheint er plötzlich im Schlafzimmer des Ehepaares. Über den Schlafanzug hat er seinen Trenchcoat gezogen und sich einen Hut auf den Kopf gesetzt. »Höchste Zeit aufzustehen«, ruft er, »wir verpassen glatt den Flieger, wenn ihr die Zeit verpennt.«

»Eine kleine Störung«, sagt die Schwiegertochter, »das kann ja mal vorkommen, sobald wir zurück sind, muss ich das irgendwie anders organisieren.«

»Irgendwie«, meint die Tante, »wird sich das, was jetzt auf dich zukommt, kaum regeln lassen. Was du von jetzt an brauchst, ist Geduld, Geduld, Geduld und starke Nerven. Ihr jungen Leute habt mal wieder keine Ahnung.« Und dann murmelt sie etwas vor sich hin wie »im Leben muss man immer mit dem Schlimmsten rechnen«.

»Ach, Tante Sophie«, sagt die Schwiegertochter und lacht, »was bist du wieder pessimistisch, denk lieber an den Spruch: Wenn man denkt, es geht nicht mehr, kommt irgendwo ein Lichtlein her!«

Siehste

Wir, die Generation siebzig plus, hatten vorher wenig Ahnung, was mit zunehmendem Alter, abgesehen von schweren Krankheiten, mehr und mehr auf uns zukommt, womit man nicht gerechnet hat. Jetzt scheiden sich die Geister: Der eine Teil erschreckt seine sorgende Umgebung mit blitzschnellen Entschlüssen – »Wo warst du denn, Opi?« – »Ach nichts Besonderes, ich habe mir ein neues Auto gekauft.« – »Aber du weißt doch, was der Augenarzt gesagt hat!« Der andere braucht immer länger, um sich für etwas zu entscheiden. Trotzdem sind beide Teile der Überzeugung, was es auch sei, alles fest im Griff zu haben. Immerhin sind wir sehr viel besser dran als unsere Eltern und Großeltern, die es im Krieg oder nach dem Krieg erwischte und die alles nehmen mussten, wie es kam.

Wir Alten von heute haben dagegen eine sehr genaue Vorstellung, was gut für uns wäre, und dulden keine Bevormundung. Wenn man uns mehr oder weniger taktvoll darauf hinweist, dass wir uns vielleicht doch mal ein passendes Heim aussuchen, ein Testament machen und rechtzeitig die Pretiosen verteilen sollten, hören wir deshalb nicht zu und schon gar nicht, wenn man uns mit dem Wörtchen »noch« kommt. Diese ewigen Lobgesänge über Greise und Greisinnen, die noch Unglaubliches zustande bringen, in eisigen Seen schwimmen, Berge erklimmen, Marathon laufen oder sich aufopfernd, keinen Weg scheuend, dem hilfsbedürftigen Nächsten widmen. Dann fühlen wir uns nämlich auf unangenehme Weise an unsere Kindheit erinnert, wo man uns mit dem Wort »schon« nervte und wir uns anhören mussten, wie ein gewisser Junge namens Fritz sich »schon« die Schuhe allein zubinden konnte. Und jetzt dieses dauernde »noch«: »Stellt euch vor, Onkel Edgar fährt mit seinen neunzig Jahren noch Ski.« – »Bestimmt weniger gefährlich für die Menschheit, als wenn er noch Auto fahren würde«, giftet der siebzigjährige Neffe, dessen Wagen von einem forschen Fahrer der Altersgruppe achtzig plus gerammt wurde, weil der das falsche Pedal erwischt hatte.

Während wir Unschlüssigen noch ratlos vor

uns hindibbern und die Qual der Wahl uns drückt – betreutes Wohnen oder nicht –, und wir mit achtzig dann finden, dass eigener Herd immer noch Goldes wert ist, wo wir doch so lange gebraucht haben, bis wir ihn überhaupt besaßen, erzählt man uns immer häufiger von dieser einzigartigen Dame, die so ganz im Sinne der Vernunft gehandelt hat und nach wie vor still, bescheiden und überglücklich in diesem wunderbaren Heim lebt. Aber dann gerät die alte Dame plötzlich in Bedrängnis, wenn auch völlig schuldlos. Die Genossenschaft, der das Heim gehört, bleibt plötzlich den Heimbewohnern die Zinsen für die eingezahlte Kaution schuldig, mit deren Hilfe die meisten von ihnen ihre Rente aufgestockt haben, um die täglichen Kosten zu decken. Die Familie ist alarmiert, E-Mails wechseln hin und her. Ein neues Heim muss gefunden und bis dahin die Oma notgedrungen bei der Verwandtschaft untergebracht werden. Die Begeisterung darüber hält sich in Grenzen, denn leider erweist sich die sonst so pflegeleichte Dame doch als ein wenig schwierig – nörgelt an dem Nachwuchs herum und blockiert dauernd das Badezimmer. Aber die alte Dame weiß, was sie der Familie schuldig ist, und stirbt unerwartet nach kurzer Krankheit. Die Trauer ist groß, die allerdings nach der Testamentseröffnung eher gedämpft wird, denn der kleine Rest des sehr geschrumpften Vermögens ist dem Glanzstück von Heim zugedacht, was bei den Gläubigern sicher große Freude auslösen wird. Und was tun wir, die ewigen Zauderer mit den ständig wechselnden Plänen? Wir sehen uns bedeutungsvoll an und sagen nichts als: »Siehste!«

Leider bringt das Alter ständig wechselnde Beschwerden mit sich, von denen wir vorher verschont geblieben sind, wie etwa Schlaflosigkeit oder allzu großes Schlafbedürfnis, und unsere Unentschlossenheit nimmt zu. Im Gegensatz zu früher sind Körper und Nerven unberechenbar geworden, und man weiß nie, was man ihnen noch zumuten kann. So sind wir oft gezwungen, Einladungen, Familienfeiern, Ausflüge oder Besuche kurzfristig abzusagen, obwohl wir vorher sehr darauf gedrungen haben, überall mitgenommen zu werden. Zwar können wir dank unseres hohen Alters mit Verständnis rechnen, aber versteckten Ärger gibt es trotzdem. »Wen sollen wir nun dem Langweiler Onkel Robert zur Tischdame geben, die Taubheit der beiden alten Herrschaften erstickt doch sowieso jedes Gespräch, und wir hatten gedacht, Gleich und Gleich gesellt sich gern, aber nein, wirklich unberechenbar, diese Senioren!« – »Die Reise abgesagt? Erst wird ewig rumgequengelt, noch einmal möchte ich dorthin, und nun müssen wir uns mit der Rückerstattung der Reisekosten herumplagen!« – »Du verträgst diese Torte nicht mehr? Seit wann denn? Nur deinetwegen hat sie deine Enkeltochter selbst gebacken!« – »Wieso willst du plötzlich nicht mehr ins Kino? Du hast dir doch den Film selbst ausgesucht.«

Zu allem Überdruss fallen uns auch noch die eigenen Altersgenossen und -genossinnen in den Rücken. Sie, die sonst gern ihre eigenen Leiden beklagen, finden plötzlich, wir sollten uns einen Ruck geben und uns ein bisschen zusammennehmen. Sofort sind gute Ratschläge zur Hand, und sehr schnell kommt das Gespräch dann wieder auf einen dieser vorbildlichen Alten zurück, der wieder und wieder aus dem Hut gezaubert wird, so dass man allmählich den Eindruck gewinnt, er sei unsterblich, und insgeheim richtig beruhigt ist, wenn einem die Todesanzeige ins Haus flattert.

Aber manchmal, sozusagen als ausgleichende

Gerechtigkeit, bekommt zu unserem Entzücken die Schadenfreude reichlich Nahrung. Da gibt es dieses alles verstehende, in der Jugend Böses getan habende, tief bereuende, immer hilfsbereite, dabei noch blendend aussehende, trotzdem bescheidene, mit hochintelligenten Kindern und Enkelkindern gesegnete, auf Familienfesten unentbehrliche seltene Exemplar eines Mannes unserer Jahrgänge, der sich bereits der Lebensmarke hundert nähert und immer noch von sprühender Vitalität strotzt. Aber dann, bei einem riesigen Familienfest, bei dem eins der bedeutenden Familienmitglieder vom Bürgermeister persönlich mit einer Ehrung ausgezeichnet werden sollte, musste mit diesem angebeteten Exemplar namens Rudolf etwas Furchtbares geschehen sein, was diesen Ritter ohne Furcht und Tadel ins Stolpern brachte. Es wird viel gemunkelt und braucht seine Zeit, bis die Wahrheit ans Licht kommt. Onkel Rudolf hatte sich an diesem Tag nicht sehr wohlgefühlt. Er wäre deshalb lieber zu Haus geblieben. Aber anders als wir Jammerlappen hatte er sich am Riemen gerissen und war der Einladung gefolgt. Dann jedoch bediente er sich, um in Schwung zu bleiben, wohl ein wenig zu viel bei dem freizügig ausgeschenkten

Cognac, was ihm zunächst nach allgemeiner Meinung überhaupt nicht anzumerken gewesen war, aber mit einem Eklat endete.

Der Bürgermeister hatte gerade seine bravouröse Rede beendet, in der die ganze Familie des Geehrten erwähnt worden war, so natürlich auch Onkel Rudolf mit seinem Schwung und der geistigen Frische eines Zwanzigjährigen, da passierte es. Onkel Rudolf sprang auf und schmetterte: »Die Fahne hoch, die Reihen fest geschlossen!« Glücklicherweise war der erwartete Lokalreporter erst gar nicht erschienen, und der Bürgermeister zeigte sich der Situation gewachsen. Er sah auf seine Uhr, rief irgendetwas Unverständliches von einem dringenden Termin und war verschwunden. Zurück blieb eine fassungslose Familie.

Bedauerlicherweise kommen wir ewigen Zauderer mit unserem triumphierenden: »Man muss schon genau wissen, was man sich noch zumuten kann, und nicht unbedingt überall dabei sein wollen, wo die Musik spielt«, nicht zum Zuge. Denn als uns das Wort »siehste« auf den Lippen liegt, schaltet sich unsere resolute Kusine Reinhild ein: »Schuld an dem ganzen Schlamassel«, sagt sie energisch, »ist doch nur Elisabeth, die hätte wissen müssen, dass ihr Mann viel zu krank war und besser im Bett geblieben wäre. Stattdessen hat sie dem armen Kerl wahrscheinlich, wie es ihre Art ist, noch irgendwas ordentlich Aufputschendes gegeben, und das kommt dabei raus. Unverantwortlich, diese Frau.«

Wir nicken gehorsam, aber betrübt, denn wir wären, anders als der unvergleichliche Onkel Rudolf, in der Familie mit einem solchen Fauxpas nicht so glimpflich davongekommen.

Hilf dir selbst

Wir, die Überlebenskünstler von Kriegs- und Nachkriegszeit, haben das Wort »früher« schnell auf der Zunge, wenn es um Sitte und Anstand geht. Gleichzeitig erinnern wir uns genüsslich an all die Tricks, die uns der »Vater aller Dinge«, der Krieg, und besonders auch die Nachkriegszeit lehrten, als der letzte Rest von Disziplin zum Teufel ging und der Spruch des schwarzen Marktes unsere Bibel wurde: »Wer sein Leben liebt, der schiebt, wem Ehrlichkeit im Blute rauscht, der tauscht, wem beide Wege sind verbaut, der klaut. Jedoch, wer ehrlich nur erwirbt, der stirbt.«

Wir stürmten die Züge wie unsere Vorfahren feindliche Burgen und sammelten große Erfahrung im Kopfeinziehen, wenn man es sich auf dem Waggondach gemütlich gemacht hatte und eine Unterführung drohte. Wir klammerten uns, auf den Trittbrettern stehend, an die Türen und lernten schnell, dass man sich, sollte beim Kohlenklauen, Kartoffelnstibitzen oder dem

Kidnappen eines naseweisen Huhns, das außerhalb des Bauernhofs herumstolzierte, die Polizei oder der Bauer mit drohend geschwungener Mistgabel auftauchen, besser in die Büsche verdrücken konnte, wenn man nicht im Rudel jagte. Unser tägliches Leben stand eher unter dem Motto »Hilf dir selbst, dann hilft dir Gott« als dem von Treu und Redlichkeit, und unsere Einfälle und Ausreden waren bemerkenswert.

»'ne Ziege? Guter Mann, die können Sie nun wirklich nicht mit in die U-Bahn nehmen.«

»Wat heißt hier Zieje? Det is doch 'n Hund.«

»'n Hund? Der meckert?«

»'ne janz selt'ne Rasse. War verschüttet. Seitdem bellt er so komisch.« Oder:

»Opa, Opa, wo biste? Opa, Hilfe! Se lassen mir nich rin!«

»Keene Bange, Junge.« Das Geräusch einer zerplatzenden Flasche ist zu hören. Ein ekliger Geruch breitet sich im übervollen Abteil aus. »Det habense nu von 't Drängeln. In de Flasche war Salzsäure. Ick kann nischt dafür, wenn jemand drufftritt. Aber seene Schuhe kann er vajessen. Na, Junge, siehste, jetz' is Platz jenuch. Nu komm schon.«

Unser Magen vertrug alles, vom unreifen

Obst bis zum verschimmelten Brot. Und die Schrebergärtner standen mit erhobenem Spaten vor Stachelbeeren und Johannisbeeren Wache, wenn wir die Gärten durchstreiften. Die Bestecke in den Restaurants waren mit Ketten gesichert, und wer auf Bahnsteigen oder im Freien übernachtete, tat gut daran, seinen Kopf auf den Rucksack zu legen. Nur die Kreatur zeigte noch Anstand und Würde, wie unser Münsterländer, den wir auf einen Hasen, der sich im Gartenzaun verhakt hatte, hetzen wollten. Er gehorchte nur widerwillig. Aber als er zuschnappte und der Hase zu quäken anfing, ließ er sofort von ihm ab, warf uns einen vernichtenden Blick zu, der zu sagen schien: »Ich bin zum Apportieren da und nicht zum Töten«, und trottete davon.

Wir waren uns für nichts zu schade und bekamen nicht nur den suchenden Blick, wenn wir auch nur irgendwo Bucheckern, Haselnüsse, Pilze oder Holunderbeeren vermuteten, sondern entwickelten auch die Phantasie eines orientalischen Märchenerzählers, wenn es galt, einen arglosen GI übers Ohr zu hauen. »Diese Brosche hat bereits Königin Luise auf der Flucht getragen und sie später ihrer Kammerzofe, meiner Urahnin, geschenkt.«

Der Ami nickte ergriffen: »I see.«

Man machte ein trauriges Gesicht. »Es fällt mir sehr schwer, mich von ihr zu trennen.«

Der Ami packte noch eine Stange Zigaretten dazu.

Unserem Einfallsreichtum, Gerichte zuzubereiten, für die uns die Zutaten fehlten, waren keine Grenzen gesetzt. So wurde die schon im Ersten Weltkrieg bekannte Hindenburg-Torte überwiegend aus Kaffee-Ersatz hergestellt, und der Eierkuchen aus Ersatzeiern, einem gelblichen Pulver, angerührt mit Mehl und einem Schuss Coca-Cola für die Lockerung des Teiges, schmeckte recht ordentlich. Statt Schlagsahne gab es die aus Magermilch geschlagene »Geisterspucke«, und Stahlhelme wurden von geschickten Händen in Kochtöpfe umgewandelt.

Vollmundige Helden, die alles schon lange gewusst, davor gewarnt und es bekämpft hatten, schossen wie Pilze aus dem Boden. Andere Mitbürger wieder, die vorher im Fronturlaub von den entzückenden Französinnen und den urwüchsigen Russinnen geschwärmt hatten, spielten jetzt den Moralapostel. Um der Ehre willen schnappten sie sich im Dunkeln jene Frauen und Mädchen, die mit der Besatzungsmacht das Fraternisieren übten, und schnitten ihnen die Haare ab. Die Ehre hinderte sie aber nicht, sich ungeniert nach jeder weggeworfenen Zigarettenkippe zu bücken oder sich nachts im Keller heimlich über das für die ganze Familie bestimmte und sparsamst eingeteilte Carepaket herzumachen.

Es war auch ratsam, sich nicht damit aufzuhalten, auf Rechte zu pochen, sondern auf sein Glück zu hoffen und die Gunst der Stunde beherzt zu nutzen, die die Besatzungsmacht – je nach Lust und Laune – gewährte. Der junge Amerikaner, der aus dem riesigen Angebot eine Bürokraft heraussuchen sollte, entschied sich bei seiner Wahl leider für die hübsche blonde, blauäugige, vollbusige ehemalige BDM-Führerin und nicht für die vom Schicksal geschlagene, hohlwangige, verhärmte Displaced Person. Hauptsache, die Chemie stimmte.

Die Gunst der Stunde gab es auch für jene, die Examenszeugnisse und Belastendes reingewaschen haben wollten. Denn der schwarze Markt bot weit mehr als nur Nahrungsmittel, Zigaretten, Bohnenkaffee und Kleidung. Es gab geschickte Fälscher en masse. Auch hier wurde das scheinbar Unmögliche möglich: Es gab Pässe für einen reibungslosen Grenzübertritt, Bescheinigungen für Schwerbeschädigte, die an Krücken humpelnd lautstark einen Sitzplatz forderten und, wenn sie ausgestiegen waren, den Blicken der staunenden Mitfahrer in strammem Marschschritt, die Krücken unter dem Arm, entschwanden. Und es gibt bestimmt noch so manchen Professor im beschaulichen Ruhestand, der über den schwarzen Markt das Abitur oder einen Studienabschluss erworben hat oder sonst seinen Lebenslauf ein bisschen aufbessern konnte. Selbstverständlich gab es auch gefälschte Personalausweise. Ich besaß fünf davon, die ich mir allerdings mithilfe des Stempels eines Turnvereins und dem Hinweis »vorläufiger Ausweis« selbst hergestellt hatte, was sich beim Grenzübergang als außerordentlich nützlich erwies, denn wenn er zur Nachprüfung einbehalten wurde, machte ich mich einfach aus dem Staube. Ebenso war es mit dem Alter. Was bei der Kosmetikbranche leider meist leere Versprechungen sind, war hier verhältnismäßig leicht zu erreichen, denn auf vielen amtlichen Stellen wurde für einen gültigen Ausweis das Geburtsdatum nur abgefragt und keinerlei Nachweis dafür verlangt.

Es war die Zeit, in der Völkerscharen aller Nationen ständig unterwegs waren. Sie fuhren in überfüllten Zügen in alle Richtungen oder streiften zu Fuß, per Rad oder per Anhalter durchs Land, übernachteten in Feldscheunen oder bekamen von selbstlosen Menschen ein Plätzchen in deren bereits überfüllten Wohnungen geboten. Das Gute war so wenig ausgestorben wie das Böse, und taktlose Menschen gab es ebenso viele wie heute. Der erfolgreiche Schwarzmarkthändler genierte sich nicht, ein opulentes Frühstück vor unseren hungrigen Augen zu verspeisen. Und eine junge Mutter musste dem ihnen zugewiesenen Bauern, der die Familie im Schweinestall unterbringen wollte, erst erklären, dass sie nicht eine Sau mit fünf Ferkeln sei, sondern eine Mutter mit fünf Kindern.

Und wie kamen die Alten in jenen Zeiten zurecht? Viele von ihnen, die aus dem Osten stammten, waren bislang so gut wie nie aus ihrem Dorf herausgekommen, sie waren krank, bettlägerig und ebenso hilfsbedürftig wie ihre Enkel. Da gerieten die Mütter oft in schwere Gewissensnöte, ob sie in diesem Zustand einer Flucht bei eisiger Kälte überhaupt gewachsen waren. Andererseits konnte man in diesem

Krieg kaum damit rechnen, dass sich der Feind nach der Genfer Konvention richtete. Auch auf Mitleid konnte man sich nicht allzu sehr verlassen. Jetzt war man selbst in der Situation der Evakuierten, die aus den brennenden Städten geflohen waren und die man auf dem Lande auch nicht gerade mit Girlanden empfangen hatte.

Doch die Generation unserer Großeltern war schicksalsergeben und schätzte sich schon glücklich, den Krieg überstanden zu haben. Man war froh, wenn in dem Pflegeheim, in dem man untergekommen war, nicht die Hälfte der Fenster noch mit Pappe vernagelt waren. Die Matratzen bestanden aus Seegras, und das Oberbett war bleischwer. Es gab weder Physiotherapeuten, die noch ein wenig Schwung in die alten Knochen brachten, noch psychologischen Beistand. Höchstens ließ sich mal ein Pastor sehen. Für die Schwestern war die Betreuung Schwerstarbeit. Die Betten besaßen in den seltensten Fällen die richtige Höhe, und nichts ließ sich wie heute herauf- und hinunterstellen. Familienbesuche waren, bedingt durch schlechte Verbindungen, äußerst selten, und die einzige Freude war das Warten auf den heißen Pfefferminztee und die

Schmalzstulle, die es nach Beendigung der Stromsperre gab – vielleicht, sicher war man sich dessen nie.

Für die Mehrzahl der damals Alten hatte das Berufsleben sehr viel früher als heute begonnen, sie hatten insgesamt zehn Kriegsjahre erlebt, Väter, Männer und Söhne verloren und nun ihr Zuhause und alles Hab und Gut. Sie blickten nicht mehr in die Zukunft, ihnen genügte das Gefühl der Erleichterung, dass ihnen nun wenigstens keine Bombe auf den Kopf fallen konnte, sie nicht mehr im bröckligen Eis zu versinken drohten oder hilflos miterleben mussten, wie der Treckwagen vor ihnen in den schlesischen Bergen von einem russischen Panzer in den Abgrund gestoßen wurde.

Wir, die damals Jungen, bekamen dagegen noch alle Chancen, die das Schicksal zu bieten hatte, und können uns jetzt im Alter darüber ärgern, wenn unter zweihundert verschiedenen Käsesorten aus aller Welt unsere Lieblingssorte fehlt. Immerhin erinnern wir uns noch an jene Zeiten, als wir durch die Gegend trampten, über Trümmer krochen oder in Schnee und Regen über Landstraßen marschierten, jeden Augenblick mit Tieffliegern rechnend, und an das so nie wieder erlebte, ungläubige Glücksgefühl, als wir Entronnenen in Sicherheit waren, egal, wie sie aussah.

Gewusst wie

Tun Sie dasselbe wie früher, als Sie in einen nicht jugendfreien Film wollten und Ihre Stimme senkten oder Ihre Zöpfe hochsteckten. Vergessen Sie den Jugendkult, und machen auch Sie sich älter. Es ist Ihrer Umgebung nämlich ziemlich egal, ob Sie Mitte siebzig oder achtzig sind, zumal man mit siebzig in absehbarer Zeit herzlich beglückwünscht werden wird: »Wir gratulieren, endlich in Rente.« Ganz anders die Wirkung, wenn Sie den Mitfahrenden im Bus so nebenbei, aber mit kräftiger Stimme mitteilen, dass Sie bereits die Neunzig überschritten haben. Um einen Sitzplatz brauchen Sie nun nicht mehr zu bangen, Sie werden sogar noch aufs Höchste bewundert – um es poetisch mit Schiller auszudrücken, »Und wie im Meere Well auf Well, so läuft's von Mund zu Munde schnell«: Über neunzig? Und benutzt noch allein die öffentlichen Verkehrsmittel!

Nicht immer macht reicher Schmuck auf welker Haut den gewünschten Eindruck, sondern wird eher höhnisch belächelt – »Muss sich diese alte Fregatte noch so herausputzen?« Mal abgesehen von herben Urteilen, setzt man sich auch Gefahren aus, besonders im Dunkeln. Ein kurzer Ruck, und das Collier kann nicht mehr weitervererbt werden. Natürlich gibt es, wie immer im Leben, Ausnahmen von der Regel: Eine meiner zahlreichen Tanten, schon leicht verwirrt, marschierte nach dem Krieg, zum Entsetzen ihrer Angehörigen geschmückt wie für einen großen Empfang, mit anderen wacker über die Grüne Grenze. Die Grenzgänger wurden geschnappt und die Koffer durchgefilzt. Sie war die Einzige, die unbeschadet wieder bei ihrer Familie ankam. Selbstverständlich hatte man so viel Glanz für Talmi gehalten. Anders ging es meiner arglosen Mutter. Wie wir stand sie 1946 eingekeilt auf dem Gang eines überfüllten Zuges nach München, als sich plötzlich die Tür eines reservierten Abteils öffnete und drei dunkelhäutige Männer sie freundlich aufforderten, doch bei ihnen Platz zu nehmen. Meine Mutter war gerührt. Es gab doch immer noch ausgesprochen hilfsbereite Menschen in diesen chaotischen Zeiten. Als schließlich nach fast zwölf Stunden Fahrt das Ziel erreicht war, gesellte sie sich wieder sehr vergnügt zu uns und schwärmte von diesen reizenden Herren, die ihr sogar echten Bohnenkaffee spendiert hätten.

»Und wo ist deine Brosche?«, fragte meine Schwester.

Meine Mutter griff nach ihrer Kostümbluse. »Weg«, sagte sie. Und weg waren auch der Ausweis, die Lebensmittelkarten und zwei im Futter ihres Mantels versteckte Goldmünzen, unser geretteter Notgroschen.

»Ach, was soll's«, sagte meine Mutter. »Ich habe lange nicht mehr so gut geschlafen.«

Gewöhnen wir uns ruhig daran, häufiger als früher um Hilfe zu bitten. Unsere Mitmenschen sind viel hilfsbereiter, als ihnen nachgesagt wird, und oft plagt sie mehr die Furcht, ihre Hilfe womöglich aufzudrängen. Allerdings müssen wir in Kauf nehmen, dass es gelegentlich vor lauter Hilfsbereitschaft zu Missverständnissen kommt, wie zum Beispiel bei einer früheren Nachbarin, die trotz aller Proteste in einem Zug nach München landete, obgleich sie eigentlich nur nach Elmshorn wollte. Aber wir sind nun einmal mit zunehmendem Alter, wenn die beste Brille nichts mehr taugt, wir nur noch Bahnhof verstehen und uns der Orientierungssinn im Stich lässt, auf andere angewiesen. »Ist das hier wirklich die Holbeinstraße? Letzte Woche hieß sie irgendwie ganz anders.«

Wir sollten uns auch daran gewöhnen, dass junge Leute, wie wir alle Menschen bis sechzig nennen, gelegentlich ein ausgeprägtes Ruhebedürfnis haben und nicht grundsätzlich jedes Wochenende auf den Putz hauen. Es kann also durchaus sein, dass diese jungen, gestressten Menschen die brüllende Geräuschkulisse unseres Fernsehers zur Verzweiflung treibt, den wir so laut gestellt haben, weil wir Kopfhörer strikt ablehnen. Denn angeblich hören unsere wundervollen Ohren nicht nur immer noch das Gras wachsen, sondern auch das Niesen des Nachbarn aus der Wohnung nebenan.

Und da wir gerade bei den jungen Leuten sind: Es ist nicht sehr passend, dem Großneffen, der eben seinen Arbeitsplatz verloren hat, ständig vom Großonkel zu erzählen, der mit dreißig bereits Generaldirektor war. Ebensowenig wird es ihn trösten zu erfahren, dass jemand aus der Familie in den Dreißigern dasselbe Schicksal wie er hatte und doch später als Multimillionär in Amerika starb. Die dreißiger Jahre sind für den Großneffen dasselbe wie der Kampf um Rom und ihm somit völlig schnuppe. Und der gut gemeinte Hinweis, dass sich immer irgendwie eine Arbeit finden lasse, mit der man sich über Wasser halten könne, bringt ihn in seinem Gram nicht weiter. Vor allem sollten sich die Alten der Familie die Bemerkung verkneifen, die ihnen stets auf der Zunge liegt, dass man nämlich manchem Arbeitslosen die Hammelbeine langziehen sollte, wenn er sich zum Beispiel strikt weigert, die Früchte der Natur, die er auf seinem Tisch haben will, doch gefälligst selbst zu pflücken oder sich beim Spargelstechen zu bücken. Der eben Gefeuerte ist hochempfindlich, er merkt genau, das Spargelthema liegt wieder in der Luft oder noch Schlimmeres – die Leier, was seine Vorfahren alles geleistet haben: Im Bergbau gearbeitet, Bäume gerodet, auf den Feldern geschuftet, anderen Leuten den Dreck weggemacht. Aber was hatten sie schließlich schon gelernt, denkt er, außer Menschen totzuschießen. Er aber hat eine Topausbildung hinter sich, zwei Examen und von Lob überquellende Zeugnisse.

Die Großtante erhebt sich. »Nun koche ich uns erst mal eine schöne Tasse Kaffee.« Während man ganz entspannt bei Apfelkuchen und Kaffee sitzt, erscheint die Nachbarin. Das Thema, das sie zur Sprache bringt, ist neu und interessant. Man will der Kartoffel »Linda« den Garaus machen. Diese vom Verbraucher favorisierte Kartoffel, hochgelobt wegen ihres guten Geschmacks und gern gekauft, erinnert die Großtante wieder an »Sieglinde«, damals in ihrer Jugend die Nummer eins. Und schon sind Kartoffeln das alle verbindende Gesprächsthema, denn darüber sind sich Jung und Alt völlig einig: »Die Politiker machen doch mit uns, was sie wollen, und jetzt auch noch mit der Kartoffel!«

Viele von uns der Jahrgänge siebzig plus sind ja eine Zeit lang wie eine Schar von Mäusen durch Länder und Städte geflitzt, sind auf Berge geklettert, haben unter Palmen gelegen und das Tauchen gelernt. Aber, wie es so schön heißt, »unverhofft kommt oft«: Plötzlich hat der Körper das Sagen und beginnt uns Unbehagen zu bereiten. Mal zwickt es hier, mal zwackt es da, die Beine werden schwer, die Puste knapp, kurz, es tritt ein Zustand ein, den Robert Gernhardt sehr schön in dem Gedicht »Mein Körper ist so unsozial« schildert: »Mein Körper ist so unsozial, ich rede, er bleibt stumm. Ich sorg ein Leben lang für ihn, er bringt mich langsam um.« Nun, ganz so weit ist es noch nicht, aber man ist diesem Schicksal doch ein ganzes Stück nähergekommen. Tragen wir also den Verlust der Reisen mit Würde. Ehrlich gesagt, gelegentlich war es auch ein ziemlicher Reinfall. Der so sorgsam ausgesuchte Urlaubsort war plötzlich von Angehörigen einer Nation erobert, mit denen wir überhaupt nicht gerechnet hatten, und denen wir Westler 1945 das letzte Mal begegnet waren, nämlich Russen. Sie nahmen uns unsere Liegestühle weg, obwohl unser Badetuch dort deutlich den Besitzer markierte, fielen wie die Heuschrecken über das kalte Buffet her und feierten jede Nacht fröhlich und unbekümmert bei Wodka und Wein wilde Partys, direkt unter unseren Fenstern im Swimmingpool plantschend und von der Direktion dank reichlicher Trinkgelder wohlwollend betrachtet.

Außerdem hat der Spruch »Wenn einer eine Reise tut, dann kann er was erzählen«, heute längst nicht mehr seine Gültigkeit wie früher.

Egal, welchen Teil der Erde man per Flugzeug, Auto oder Bahn durchforscht hat, durch das Fernsehen ist der entfernteste Winkel dieser Erde jedem Bürger vertraut, noch dazu in herrlichen Bildern und in Panoramen, die man so nie gesehen hat. Damit können Sie kaum konkurrieren, da müssen Sie schon Außergewöhnliches bieten, eine kleine Entführung, eine Notlandung, einen Zusammenstoß mit einem Eisberg oder einen bereits an Ihnen herumknabbernden Hai.

Verbringen wir unsere Zeit also nicht mit Jammern, sondern denken wir an den Spruch »Warum in die Ferne schweifen, sieh, das Gute liegt so nah«. Durchforschen wir, auf den Gehwagen gestützt, Plätze und Parks in unserer Umgebung. Unter schattigen Bäumen, an blühenden Rabatten vorbei, umfächelt von milder Luft steuern Sie eine Bank an, auf der, wie Sie mit kurzem Blick feststellen, ein recht sympathischer Bürger sitzt. Beginnen Sie vorsichtig das Gespräch, zunächst einmal mit einem neutralen Thema, über das Wetter zum Beispiel, über die Wetteraussichten und den Wetterbericht, dessen Prognose mal wieder falsch war, so dass der Himmel uns statt eines düsteren Regentages diesen herrlichen Sonnentag gewährt hat. Nach diesem kleinen Intermezzo kommt man sich näher mit der Kritik an unglaublichen Menschen, die grillen, feiern und die Rasenfläche mit Abfällen zieren, und fasst kopfschüttelnd das Ganze mit dem Satz: »Wie das hier wieder aussieht«! zusammen. Und plötzlich, fast ohne Übergang, eröffnet sich für den Zuhörer eine hochinteressante, völlig neue Welt – das Leben eines anderen. Natürlich erfordert es ein bisschen Geduld, bis die Quelle wirklich sprudelt und nicht nach dem ersten Tropfen versiegt. Je härter das präsentierte Schicksal, umso weniger wird geklagt, dabei gäbe es bei manchen reichlich Grund dazu. Katastrophen über Katastrophen, so dass man sich des eigenen recht durchschnittlichen Lebens schämt. Viele erzählen richtige Reader's-Digest-Geschichten – Sie wissen schon: Gelähmt und doch als Erster durchs Ziel –, aber glücklicherweise auch Komisches. So geriet ich einmal in ein Mutter-Tochter-Gespräch, in dem die etwa zehnjährige, recht resolut wirkende Tochter ihre leise vor sich hinjammernde Mutter tröstete. »Nun beruhige dich mal, Mami, wir können es doch nicht ändern. Du wirst sehen, Rudi hat sich bestimmt schon prima eingelebt. Außerdem fahren wir ihn doch morgen besuchen.«

Die Mutter nickte. »Du hast recht, ich weiß gar nicht, was in mich gefahren ist. Rudi hat's ja da wirklich gut.«

Die Tochter gähnte. »Ja, ja.«

»Rudi ist wohl dein Bruder«, sagte ich zu dem Mädchen. »Er ist sicher zur Kur.«

»Bruder?«, sagte die Kleine und wollte sich ausschütten vor Lachen. »Das fehlte noch. Rudi ist 'ne Ratte. Seine Spielgefährtin ist plötzlich gestorben. Ich habe gleich eine Anzeige ins Internet gestellt, und da hat sich ein Postbeamter gemeldet. Der hat auch eine Ratte zu Hause, sozusagen eine Witwe. Gestern haben wir Rudi hingebracht. Er fand die Witwe richtig geil.« Zu ihrer Mutter gewandt: »Mami, nun ist aber wirklich gut.«

Selbst wenn uns der Sinn nicht so nach einem Gespräch steht, ist immer etwas los. Da gibt es Männer, deren Bräune mit jedem Indianer Schritt halten könnte, weil sie stundenlang in knapper Badehose auf dem Rasen liegen und sich von der Sonne grillen lassen, und außerdem stehen sie alle zwanzig Minuten auf, um ihre Muskeln zu trainieren, was sie allerdings auch nicht viel ansehnlicher macht. Es gibt Frauen, die der Gymnastik verfallen sind, und wieder andere, die, auf der Suche nach ihrem Ich, stundenlang in merkwürdiger Haltung vor sich hinstarren oder sich seltsam bewegen (»Ich bin ein Baum und wiege mich im Winde«). Wenn man nach diesem Anblick das Bedürfnis nach leichter Unterhaltung verspürt, sollte man sich möglichst nicht Menschen, die lesen, als Opfer aussuchen. Es ist durchaus möglich, dass sie genervt aufstehen und sich eine andere Bank suchen. Dafür sind Hundebesitzer besonders ansprechbar. Über ihre Lieblinge zu reden ist ihr ganzes Glück. Mütter dagegen sind ein Kapitel für sich, und man muss sich vorher genau überlegen, ob man sich stark genug fühlt für die Lebensgeschichte des Dreikäsehochs von der schweren Geburt bis zu seinen jetzigen erstaunlichen Talenten. Zu besonderer Vorsicht sei älteren Herren geraten. Sie sollten auf Spielplätzen möglichst vermeiden, kleinen Mädchen oder kleinen Jungen übers Haar zu streichen oder sie gar auf den Schoß zu nehmen. Es könnte sein, dass sie plötzlich ein gezielter Schlag mit einem Nordic-Walking-Stock zu Boden streckt. Zwar sagt die Statistik, dass Fehlverhalten von Vätern und

Großvätern in Richtung Liebe immer noch die große Ausnahme sei und nicht, wie die Medien uns weismachen wollen, gang und gäbe. Aber Vorsicht ist nun mal die Mutter der Porzellankiste.

Doch nicht nur für Abwechslung wird in so einem Park gesorgt. Es ist auch die Natur, die Ruhe und Frieden in unser Gemüt einziehen lässt, und man kann beschaulich zusehen, wie zwei Krähen, jede an einem Ende zerrend, sich um einen Plastikbecher streiten, den ein Coffee-to-go-Bürger achtlos weggeworfen hat, über die weite Rasenfläche blinzeln und sich von alten Bäumen abwechselnd in Licht und Schatten tauchen lassen. Nur hier und da schnattert eine verärgerte Ente laut protestierend, und vielleicht gehen einem dann die letzten Verse des Gedichts »Es zwitschert eine Lerche im Kamin« von Ringelnatz durch den Kopf:

»Die Erde hat ein freundliches Gesicht.
Komm sage mir, was du für Sorgen hast.
Reich willst du werden,
warum bist du's nicht.«

Inzwischen hat sich neben mir ein kleiner, etwa dreijähriger Junge niedergelassen, der offensichtlich Ärger mit seiner Mutter hat, die ge-

rade dabei ist, der Schwester das Höschen hochzuziehen. Er bietet mir eine Lakritze an und
murmelt: »Ich mach sie alle tot.«

»Aber bitte erst morgen«, sage ich.

Er nickt großmütig. »Meinetwegen.«

Die Großeltern

Für so manche Menschen lohnt sich heute vieles nicht mehr, zum Beispiel Essensreste aufzuheben, schief getretene Absätze zu erneuern, Röcke zu kürzen oder Kleidung in die Reinigung zu geben – am besten weg damit! Überquellende Müllcontainer sind vollgestopft mit noch Brauchbarem, und Sträucher und Büsche in den Parks, die mit Weggeworfenem behängt sind, sagen viel darüber, wie leicht etwas überflüssig wird, nur damit man Schränke und Zimmer mit neuem Überflüssigem füllen kann.

Weg damit gilt auch für Vater, Mutter, Kind. Wenn es Probleme gibt, tauscht man die Partner aus. Es entsteht eine neue Gemeinschaft aus meinen, deinen, unseren Kindern – eine Patchworkfamilie. Aber Familienstreit hin, Familienstreit her – in all diesem Durcheinander ist etwas unentbehrlich geworden: Die Großeltern. Es gibt sie in allen Altersklassen von fünfzig bis siebzig plus, und sie sind zuverlässig und verantwortungsbewusst, stets zur Stelle, wenn es in den Ehen irgendwo kriselt.

Die Großeltern, um die es hier geht, gehören sogar noch der Kriegsgeneration an. Trotzdem tragen sie nicht, wie die Großeltern ihrer Kindheit, Schwarz und Wollstrümpfe. Allerdings sagt die Großmutter noch Schlüpfer und nicht Slip oder Panty. Der Großvater hat eine künstliche Hand, was der Enkelsohn »voll krass« findet, kann doch der Großvater ohne viel Mühe, wenn er angegriffen wird, mit gezieltem Schlag den Kopf des Gegners in Matsch verwandeln.

Diesmal nehmen sie die kleine Melanie, seine Schwester, mit auf ihre Reise. Es soll an die Ostsee gehen, dorthin, wo die Großeltern in ihrer Jugend das Strandleben genossen haben.

Melanies Kinderzimmer wirkt wie die Abteilung eines Spielzeugladens, von Plüschtieren aller Art, einer Babypuppe Baby Born über ein Piano for Kids, ein Keyboard und ein Family-Wohnmobil bis zum Kinder-Computer mit dreißig pädagogisch sinnvollen Lernprogrammen fehlt es an nichts. Nur die Großmutter vermisst einiges, wie Knetgummi, die ausschneidbaren Papierpuppen und eine Mundharmonika, wie sie es in ihrer Kindheit hatte. Wenn man das

Zimmer betritt, knirscht es unter den Schuhen. Alles in allem ist Melanies Zimmer ein Spiegelbild des Autos ihrer Mutter, in dem leere Flaschen hin- und herrollen, überall Papier herumliegt und man sich entweder auf etwas Zerbrechliches setzt oder in etwas Glitschiges tritt.

Außerdem besitzt Melanie – knapp fünf Jahre alt – bereits die Kosmetikausstattung einer Sechzehnjährigen, und der Kleiderschrank ist mit Garderobe so vollgestopft, dass er nicht mehr schließt.

Melanie liebt ihre Großeltern über alles. Sie ist ein fröhliches Kind, wenn sie auch, wie es ihnen vorkommt, ein wenig altklug ist und schon wie eine Erwachsene spricht. Ihr Lieblingswort ist »eigentlich«: »Eigentlich habe ich keinen Appetit.« – »Dann eben nicht«, sagt die Mutter unbeeindruckt, denn die Regel, was auf den Tisch kommt, wird gegessen, kennt man in dieser Familie nicht. Wenn Melanie, mit Ketten und Ringen und in ihrer Garderobe ein Abbild ihrer Barbie-Puppe, sich von den Großeltern verabschiedet, sagt sie nicht »auf Wiedersehen« sondern »Ciao« und wedelt graziös mit ihrer kleinen Hand. Dieses Kind wird überall mitgeschleppt und ist mit ihren Eltern ständig auf

Achse. Sie kennt bereits die Strände Italiens, Spaniens und der Türkei. Den Osten Deutschlands, aus dem die Familie stammt, kennt sie zum Bedauern der Großeltern noch nicht.

Aufgetakelt wie zu einer Hochzeit zieht sie mit den Großeltern los. Als Transportmittel bevorzugen sie die Eisenbahn. Das findet Melanie geil. Die Großeltern erklären ihr, dass sich die Fenster nicht mehr öffnen lassen wie früher, und Lederriemen, mit denen man »Pferd« spielen kann, gibt es auch nicht mehr. Im Großraumwagen sitzt man sich nicht mehr gegenüber, sondern hintereinander wie im Flugzeug, und so entgeht Melanie so manch kleines Erlebnis, das früher die Fahrt versüßte, zum Beispiel das freche Kind gegenüber, das seiner in eine Zeitschrift vertieften Mutter dauernd die Zunge herausstreckte oder sich mit vielsagendem Blick an die Stirn tippte. Trotzdem kommt Melanie auf ihre Kosten. In dem gut gefüllten Großraumwagen hat ein Junge das Handy seiner Mutter versteckt, und es gibt viel Unruhe, Heulerei und scharfe Worte, bis es sich wieder angefunden hat.

Im Hotel verwandelt sich Melanie unter sanftem Zureden der Großmutter von einer Heidi-

Klum-Miniatur in ein normal und niedlich aussehendes kleines Mädchen. In weiser Voraussicht hat die Großmutter ein paar Sachen mitgebracht – sie kennt ihre Tochter, die sehr fürs Teure ist, aber an der Unterwäsche gern spart.

Beim morgendlichen Frühstück, dessen üppiges Angebot keine Wünsche offen lässt, belohnt Melanie die liebevollen Großeltern mit tadellosen Manieren. Sie macht artig einen Knicks, wenn ihr jemand freundlich die Hand entgegenstreckt, bückt sich nach Großvaters Serviette, die ihm von den Knien gerutscht ist, ohne vorher die Frage zu stellen: »Und was krieg ich dafür?« Und sie berät einen am Stock gehenden Gast bei der Auswahl der Delikatessen – »Eigentlich sind die gekochten Eier zu hart, aber schmecken tun sie gut«. Anschließend trägt sie ihm sogar den übervollen Teller zu seinem Tisch, so dass sich die Großeltern in den wohlwollenden Blicken der Gäste im Speisesaal sonnen. »Wirklich ein zu reizendes Kind, Ihre Enkeltochter.« Leider kann es die Großmutter wie immer nicht lassen, sogleich einen Stoß Fotos der reizenden Enkeltochter aus der Handtasche zu ziehen und auf dem Tisch auszubreiten, was den Aufbruch der anderen Gäste beschleunigt.

Nach dem Frühstück trottet Melanie zwischen den Großeltern zum Strand. Dort wird erst mal eine vernünftige Kuhle gesucht, in der die Großmutter mithilfe von Decken, Bademänteln und Kissen ein gemütliches Nest bauen kann, während der Großvater mit der Technik eines Sonnenschirms kämpft, der dauernd zusammenklappt. Anschließend bringt er das mit Eimer und Schippe ausgestattete Kind, das die Großmutter fürsorglich mit einem Hütchen versehen hat, ans Wasser und erinnert sich wieder, dass auch für ihn, als er ein kleiner Junge war, Wasser eine starke Anziehungskraft hatte. Zwar ist er nicht in Melanies Alter an die Ostsee gekommen, für so was wie eine Ferienreise reichte die Haushaltskasse nicht. Dafür gab es zu Hause herrlich große Pfützen. Die kleine Melanie ist schnell in das international bekannte Spiel: Bauen, Wasser holen und mit der Schippe alles schön glattklatschen, versunken. So ist es, denkt der Großvater zufrieden, ein Eimer und eine Schippe, das genügt, um ein Kind glücklich zu machen.

Der Strand ist voller Kinder, aber trotzdem angenehm ruhig, kein Geschrei, kein Gezanke, alle eifrig am Buddeln und Graben. Ein leichter

Wind streicht über den Sand, und während er zu seiner Frau zurückkehrt, geht ihm allerlei Nonsens durch den Kopf. Die Großmutter ist gerade in einen Artikel über die holländische Königin vertieft und, wie gewohnt, haben beide sehr unterschiedliche Themen am Wickel, über die sie gleichzeitig reden möchten. Sie sagt: »Stell dir vor, die Königin will abtreten.« Und er sagt: »Kannst du dich noch an Harry Piehl erinnern?« Ihm ist die Königin ziemlich schnuppe, und sie antwortet zerstreut: »Der Herr ist mir nie begegnet.« Darüber müssen beide lachen. Nun heuchelt er Interesse für Beatrix, und sie erinnert sich plötzlich wieder: »Natürlich, ein berühmter Schauspieler aus der Ufa-Zeit«, und beide rezitieren gemeinsam: »Harry Piehl sitzt am Nil, wäscht die Füße mit Persil.« Dann klappt der Sonnenschirm wieder zusammen.

»Dieses olle Ding können wir wirklich wegschmeißen«, sagt die Großmutter. – »Untersteh dich!«, sagt der Großvater.

Melanie kommt mit weit ausgebreiteten Armen angelaufen und ruft: »Opa, ich habe eben einen soo großen Fisch gesehen, bestimmt ein Hai.«

Er nimmt sie in die Arme und sagt mit tiefer,

heiserer Stimme: »Ich rieche rieche Menschenfleisch.«

Die Großmutter runzelt die Stirn: »Red doch nicht so einen Unsinn Hermann, das Kind ist sowieso schon reichlich nervös, zieh dir lieber was über, denk an deine Nieren.«

Am letzten Tag machen sie mit Melanie einen Einkaufsbummel, den das Kind Shopping nennt. Für Eltern, Bruder und Freundin werden Mitbringsel ausgesucht, die auch schon den Großeltern aus ihrer Kinderzeit bekannt sind: Muschelkästchen, große Muscheln, die man ans Ohr hält, um das Meer rauschen zu hören, und Schlüsselanhänger. Aber der absolute Clou ist das Matrosenkleidchen nebst Mütze für die Enkeltochter. Sie hat es sich selbst ausgesucht und findet sich klasse. Selbstverständlich will sie es gleich anbehalten.

Während sie zum Hotel zurückkehren, singt der Großvater »La Paloma«, wobei er mehr an Hans Albers als an Freddy Quinn denkt.

Auch die Rückfahrt erweist sich als äußerst abwechslungsreich. Ein gleichaltriger Junge will Melanie unbedingt sein in einer kleinen Kiste eingesperrtes Kaninchen zeigen, das ihn begleitet, damit es auch die Deutsche Bahn genießen kann. Dummerweise entschlüpft ihm das Tier dabei, und der gesamte Großraumwagen gerät in Aufruhr, bis es wieder eingefangen ist.

Zu Hause freut sich Melanies Mutter zwar über ihre blendend erholte Tochter, macht aber ein bedenkliches Gesicht beim Anblick ihrer Garderobe, die, wie sie findet, nun wirklich sehr von gestern ist. »Und das hat sich Melanie selbst ausgesucht?«

»Eigentlich«, sagt Melanie, »wollt ich erst was anderes, aber da war ein Junge, und der hat gesagt: Mann, siehst du geil aus.«

Der ältere Bruder nickt, »Matrosen-Look is' trendy, Mami, du hast mal wieder keine Ahnung!«

Abschied

Schon früh gilt es, von vielem Angenehmen Abschied zu nehmen. Der zerzauste Teddy hat nun mal im Ehebett nichts zu suchen und der Daumen nichts im Mund. Das alles hat sich längst herumgesprochen. Trotzdem sind wir nach wie vor – egal in welchem Alter wir uns befinden – der festen Überzeugung, dass uns die wunderbaren Hilfsmittel, mit denen uns die Natur ausgestattet hat, damit wir laufen, greifen, hören und sehen können, bis zum letzten Atemzug unverdrossen zur Verfügung stehen, obwohl uns der Verstand etwas ganz anderes sagen müsste.

Beginnen wir mit den Füßen. Was haben sie, immer zu Diensten bereit, von Kindheit an erdulden müssen: zu kleine, zu große, zu enge Schuhe und keine Rücksicht auf Spreiz-, Senk- oder Plattfüße. Höchstens gab es mal eine Ermahnung: »Latsch nicht so über 'n großen Onkel.«

Der Liebling meiner Schwester, ein Pferd von dem Format, wie man es vor Bierbrauerwagen findet, und demzufolge mit riesigen Hufen ausgestattet, trug dazu bei, dass meine rechte kleine Zehe verkümmerte. Dieses sonst durchaus friedliche Tier, das einen mit freundlichem Wiehern begrüßte, stellte jedes Mal, wenn ich ihm die Trense anlegen wollte, seinen Huf auf meinen rechten Fuß und war nur schwer dazu zu bewegen, meine armen Zehen wieder freizugeben.

Wir liefen barfuß durch die Wiesen und über Stoppeln und zerschnitten unsere Füße in den märkischen Seen an scharfem Schilf, Muscheln und Steinen, denn so etwas wie Badeschuhe kannten wir nicht.

In der Familie lief ich unter der Bezeichnung »typisch du!« Als ich mir beim Baden einen langen Schnitt an der Fußsohle zuzog und sich herausstellte, dass ich auf eine Brille getreten war, schüttelten alle den Kopf. »Im Wasser auf eine Brille treten, hat man jemals so was gehört? Typisch du!«

Wenn es statt der vererbten mal neue Schuhe gab, war es ein Heidenspaß, die Füße in einen Apparat zu stecken, in dem man sie als Skelett sah. Die Verkäuferin stand uninteressiert daneben, während ich meine Füße ausgiebig durchleuchtete. Ich aber fühlte mich dem Gespenst von Canterville, das in diesem Augenblick meine Phantasie beflügelte, sehr verwandt, bis meine Mutter, die in der anderen Ecke des Schuhgeschäftes gerade mit einer Gutsnachbarin ein hochinteressantes Gespräch über Weckgläser führte, meinem Treiben mit dem Aufschrei »Kind, was machst du da?« schleunigst ein Ende bereitete. »Typisch du!«, sagte meine Schwester.

Der Krieg mit Kriegsdienst, Bombenangriffen und Flucht trug nicht gerade dazu bei, unsere Füße zu schonen, und später taten Holzschuhe und Stöckelabsätze das ihre. Da nützte es wenig, dass wir, im Wohlstand angelangt, mit Einlagen und Gymnastik sie wieder in Schuss zu bringen versuchten. Und jetzt, im Alter, haben wir den Salat: Knöchel und Zehen schwellen an und sehen »irgendwie« sehr merkwürdig aus. Der Arzt bezeichnet es als Arthrose – »sie kommt und geht«, sagt er, aber ich finde, sie kommt mehr.

Ebenso ist es unseren Händen ergangen, vor allem den Gelenken, die wir im Krieg mit schweren Lasten überstrapaziert haben und die nun bereits bei dem kleinsten Gepäckstück rebellieren. Dem klugen Rat älterer Familienangehöriger, im Winter warme Handschuhe und Pulswärmer zu tragen, waren wir in unserer Jugend selten gefolgt, und jetzt nützt er uns nichts mehr. Dazu neigen unsere Finger immer mehr dazu, ihre Knöchel anschwellen und »den Kopf« hängen zu lassen, so dass unsere Hände leicht krallenartig wirken.

Auch mit den Ohren steht es nicht mehr zum Besten. Aber der größte Schock ist, wenn uns die Augen im Stich lassen, so dass die stärkste Brille nicht mehr hilft, denn das bedeutet unter anderem: Ade Führerschein! Und ausgerechnet dann, wenn man ihn am nötigsten braucht, weil die Füße nicht mehr so recht wollen und Einkaufstasche oder Gepäck zur doppelten Last werden. Außerdem fällt es uns von Jahr zu Jahr schwerer, öffentliche Verkehrsmittel zu benutzen, und ganz besonders, mit dem Zug zu verreisen. Stundenlang wartet man, dass jemand am Tag vorher das Gepäck abholt, und dann dasselbe Theater, wenn es wieder ausgeliefert werden soll. Selbst der hinfälligste Autobesitzer fühlt sich dank der ständig verbesserten Technik in seinen Autowänden jung und stark, und so versucht er, mit allen Tricks den Führerschein auch im hohen Alter zu behalten. Mit sechzig tönt man noch gern herum, dass man keine Probleme habe, darauf zu verzichten. Was sein muss, muss sein! Spätestens mit siebzig vermeidet man Gespräche darüber, und mit achtzig plus will man davon überhaupt nichts mehr hören und kann sich nicht erinnern: »Das soll ich gesagt haben, das kann nicht sein! Jetzt sehe ich jedenfalls die Sache völlig anders. Ein Leben lang unfallfrei gefahren, wenn das nicht zählt! Der Arzt, der Arzt! Er hat es mir keineswegs verboten, er hat mir nur den Rat gegeben, mal zum Augenarzt zu gehen – ich brauch wahrscheinlich nur 'ne neue Brille, ich seh ja noch den Regenwurm im Salat.«

Ich selbst bereue nach wie vor, dass ich mir damals mit sechzig nicht zugetraut habe, Fahrstunden zu nehmen. Vor dem Krieg war ich zu jung, und nach dem Krieg fehlte es jahrelang an dem nötigen Geld. Nur meine ältere Schwester konnte die Gelegenheit beim Schopf ergreifen und 1938 den Führerschein erwerben. Und eines Tages stand zu unserem höchsten Erstaunen plötzlich ein Auto auf dem Hof, ein für den märkischen Sand eher ungeeigneter DKW, zitronengelb und sogar, wie ich mich dunkel erinnere, mit aufklappbarem Verdeck. Mutter wusste nicht recht, was sie davon halten sollte, lag aber mit der Vermutung richtig, dass das Auto von jemandem stammte, der Vater Geld schuldete. Wir anderen waren begeistert, besonders Möpschen. Er war der Erste, der sich darin breitmachte. Neben meiner Schwester sitzend, den Kopf auf den Rahmen des heruntergekurbelten Fensters gelegt, ließ er sich bei Tempo 40 den Sommerwind um die Nase wehen, und in unserer Kreisstadt Rathenow ging daraufhin gleich das Gerücht um, Zirkus Sarrasani sei im Anmarsch, einen Löwen habe man schon gesehen.

Mit frisch erworbenem Führerschein wurde meine Schwester nach Rathenow geschickt, um Vaters ehemaligen Kommandeur vom Bahnhof abzuholen. Diesem Oberstleutnant hatten wir eine Menge zu verdanken, weil er zu Mutters großer Erleichterung Vater sehr eindringlich abgeraten hatte, auf seine Offizierspension zu verzichten, was sich nach dem Zweiten Weltkrieg als großes Glück erwies, wie es sich an dem Fall meines Onkels, Vaters Schwager, der in Schlesien ein Gut besaß, zeigte. Der wohlhabende Onkel hatte selbstverständlich auf seine Landratspension verzichtet – auch das war »Gutsher-renart« – und musste jetzt, als er in Not war, viele Demütigungen von den Behörden schlu-cken, bis sein Verzicht rückgängig gemacht wurde.

Aber zurück zu Vaters Kommandeur. Er war Junggeselle und ein gern gesehener Gast, auch für uns Kinder, die er mit großzügigen Geschen-ken verwöhnte. Doch diesmal kroch aus unserem schnittigen Auto ein ziemlich blasser Mensch, der uns kaum beachtete, sondern sich als Erstes für die Rückfahrt zum Bahnhof Pferd und Wa-gen ausbat – ein Wunsch, der Vater sehr gefiel, so dass er es sich nicht nehmen ließ, den Gast selbst nach Rathenow zu fahren. Allerdings musste dieser dafür in Kauf nehmen, dass der Weg dort-hin nun fast zwei Stunden dauerte, denn Vater fuhr, wie gewohnt, um seine Pferde, diese herr-lichen Geschöpfe, zu schonen, fast nur Schritt. Doch das sah der Kommandeur gelassen.

Vater selbst habe ich nicht einmal am Steuer gesehen, und so auch nicht, als wir uns im Win-ter mit unserem DKW, warm verpackt, denn eine Heizung gab es im Auto natürlich nicht, auf den Weg über das Eis ins Nachbardorf machten. Es war wirklich saukalt. Und mitten auf dem See gab es einen Rums: Das rechte Vorderrad war in ein ziemlich großes Eisloch geraten, das Fischer Brümmerstedt wohl zum Fischen geschlagen hatte. Wir schlitterten zu Fuß wieder nach Haus, um Hilfe zu holen, und meine Schwester sagte giftig zu mir: »Immer passiert so was, wenn *du* mitfährst, typisch!« Mutter war in weiser Voraussicht zu Hause geblieben.

Ein paarmal ließ mich meine Schwester im Wald großzügig ans Steuer. Aber dann brach der Krieg aus, und damit war es mit diesen Vergnügungen vorbei. Zu unserer Enttäuschung bekamen wir nicht den begehrten roten Winkel für das Auto, der uns berechtigte, es weiter zu benutzen. So staubte der DKW, von Möpschen bewacht, in einem Schuppen vor sich hin. Der Bernhardiner verstand die Welt nicht mehr! Wieso war es vorbei mit diesen herrlichen Ausflügen? Er machte es sich gern neben dem Gefährt gemütlich und seufzte tief.

Kurz vor Kriegsende versuchten Kosaken, die unser aus sieben Häusern bestehendes Dorf »erobert« hatten, den alten DKW wieder in Gang zu setzen. Aber es blieb bei dem Versuch. Möpschens Lieblingsgefährt war nicht mehr aus seinem Dornröschenschlaf zu wecken.

Als nach vielen Jahren die Einreisebestimmungen in die DDR endlich erleichtert wurden, machte meine Schwester sich mit dem Auto ihres Mannes auf den Weg durchs Havelland in unser Dorf und wurde überall herzlich begrüßt. Dank des Autos konnte sie die Kontakte mit der alten Heimat wieder enger knüpfen, denn mit der Bahn war unser kleiner Ort nach wie vor schwer zu erreichen. Meiner Schwester ist es deshalb später, als die Zeit gekommen war, besonders schwergefallen, auf ihren Wagen zu verzichten.

Ohne Frage geht mit dem Verlust dieses geliebten Gefährts ein großes Stück Freiheit verloren. Dass man nicht mehr durch die ganze Welt gondeln kann, ist vielleicht noch zu verschmerzen, aber dass nun gar nichts mehr geht, kommt einen hart an – nicht mehr einfach starten zu können, plötzlich, wenn einem danach ist, die Richtung zu wechseln, dabei vielleicht auf ein blühendes Rapsfeld zu stoßen, den wundervollen Duft zu schnuppern und über sich am Himmel zwei Bussarde kreisen zu sehen.

Auf all das soll man als alter Mensch verzichten und nur noch sagen dürfen: Würdest du mich bitte mitnehmen, würdest du mich abholen, würdest du mich bitte nach Hause bringen? Wen wundert's dann also, wenn selbst charakterstarke Alte, die Law and Order immer hochgehalten haben, kapitulieren und geradezu kriminelle Energien entwickeln, um dieser Falle zu entgehen. So wie dieser sehr betagte Herr, der sich einsichtig dem Familienrat beugte und seinen Liebling aufgab. So viel Vernunft konnte man gar nicht genug loben – bis die Polizei vor der Tür stand: Der einsichtige Greis war in einen Verkehrsunfall verwickelt und lag jetzt im Krankenhaus. Er hatte sein Auto weder abgemeldet noch verkauft, sondern ein paar Straßen weiter eine neue Garage gemietet – Adieu, mon amour.

Hast du schon gehört

Naturgemäß schrumpft mit zunehmendem Alter der Freundeskreis mehr und mehr durch Todesfälle, und wenn wir den Hörer abnehmen und uns einer der Freunde fragt: »Hast du schon gehört?«, antworten wir, teils schicksalsergeben, teils beklommen: »Ja, gerade vor zehn Minuten«, und es fröstelt uns, als hätte man die Heizung abgestellt. Im selben Atemzug denken wir aber auch, dass wir auf keinen Fall zur Beerdigung gehen werden. Der Weg ist weit, das Wetter nasskalt, und überhaupt sind wir selbst viel zu alt für diese Art von Unternehmungen. Ach, das Leben ist ein Jammertal, und es wird einfach alles zu viel. Niemand glaubt, wie anstrengend das Leben im hohen Alter ist.

Sogar die achtzigjährige ehemalige Schauspielerin Barbara Rütting, dieses geballte Energiebündel, hat neulich in einem Fernsehinterview gestanden, dass sie das Gequassel im Landtag, dem sie angehört, sehr mitnimmt, hatte aber gleichzeitig ein äußerst wirkungsvolles Rezept zur Hand: Ein Lachkurs in Indien habe ihr wieder enorm auf die Sprünge geholfen. Von Herzen zu lachen, sei einfach das Nonplusultra. Damit lockerten sich nicht nur die Muskeln, sondern einmal am Tage richtig losgelacht, sei für den Körper erholsam wie drei Stunden Schlaf.

Zwar sind wir im Freundeskreis alle der Meinung, dass die mehr und mehr zunehmenden Ratschläge von Weisen und Meistern aus aller Herren Länder sich ein wenig zu sehr in unserer Gesellschaft verbreiten. Aber Barbara Rütting ist klasse! Man muss ja für diesen Rat nicht unbedingt nach Indien fahren. Auf dem Weg zum Müllcontainer versuchen wir schon mal ein wenig zu üben. Aber der einzige Erfolg ist, dass der Nachbar, der dem gleichen Ziel zustrebt, uns teilnehmend ansieht und sagt: »Wirklich schlimm dieses Jahr mit dem Husten, ich bin meinen auch immer noch nicht los.« Wir schenken ihm ein melancholisches Lächeln und machen uns wieder auf den Weg zurück in die Wohnung, und er ruft hinterher: »Hey, Sie haben Ihre Mülltüte noch in der Hand.«

Zurück in unserer Wohnung überkommt

uns – zumindest wenn wir Frauen sind – das Bedürfnis, dieses traurige Ereignis noch einmal gründlich mit jemandem zu erörtern. Aber wen ruft man an? Inzwischen haben wir uns nämlich alle eine Liste zugelegt, auf der genau vermerkt ist, wen man wann besser nicht stört oder sowieso gar nicht erreicht. Die Liste ist lang und muss den wechselnden Verhältnissen angepasst werden: einem Umzug ins Heim oder zu den Kindern, einem Aufenthalt in der Reha. Kommt jemand ins Krankenhaus, lohnt sich das Notieren der Telefonnummer selten. Heutzutage ist man meist ebenso schnell drin wie draußen, und man kann von Glück sagen, wenn die bestürzt aus dem Urlaub herbeigeeilten Angehörigen uns nicht aus einem Pflegeheim fischen müssen.

Wenn wir die Liste durchblättern, stellen wir mal wieder fest, wie unterschiedlich die Gewohnheiten der Freunde sind. In jungen Jahren ist uns das gar nicht so aufgefallen. Aber eins haben fast alle gemeinsam: Sie sind in unerfreulichen Zeiten geboren und die Frauen unter ihnen in der Überzahl.

An und für sich stünde uns für ein Gespräch Ortrud zur Verfügung. Sie ist eine Frühaufsteherin und hat um acht Uhr bereits Badezimmer,

Morgengymnastik und Frühstück hinter sich. Um zehn wird sie sich mit ihren Nordic-Walking-Stöcken auf den Weg machen. Bliebe also eine gute Stunde, um den Tod des Freundes von allen Seiten zu betrachten. Aber für jemanden mit verschrecktem, schwermütigem Gemüt ist sie im Augenblick einfach zu patent. Allein schon diese akzentuierte Sprache! Natürlich bewundernswert, dass sie nach dem Krieg sogar Dächer eigenhändig gedeckt hat – unter anderem, versteht sich. Und immer bester Laune – »Wie fröhlich bin ich aufgewacht, wie sanft hab ich geschlafen zur Nacht« –, ein Zustand, den man in melancholischen Phasen als besonders deprimierend empfindet. Aber in der Freundschaft ohne jeden Tadel – Ortrud ist sofort zur Stelle, auch wenn es sich lediglich um eine leichte Erkältung handelt – »Geh ins Bett, ich komm gleich mal rum.« Nein, Ortrud fühlen wir uns im Moment nicht so recht gewachsen.

Aber Charlotte. Bei ihr würde ein Anruf so gegen elf passend sein. Dann ist sie wieder von ihren Einkäufen zurück. Danach räumt sie ihre Wohnung auf, was allerdings wenig nützt, weil sie sofort wieder vergisst, wo sich das Aufgeräumte befindet. »Ich hab einen ganz reizenden

Brief von Lorchen bekommen, den muss ich dir unbedingt vorlesen, Moment, ich hol ihn mal.« Lorchen ist die Enkeltochter, und wir können uns gut vorstellen, was in dem Brief drinsteht, nämlich so gut wie nichts. Aber das in riesigen Buchstaben, um die Briefkarte zu füllen. Auch wissen wir, wie lang ein Moment der Suchenden dauert und was sie als Entschuldigung sagen wird: »Zu dumm, wirklich, ich habe ihn extra zurechtgelegt, und nun kann ich ihn wieder nicht finden.« Doch bis auf diese Kleinigkeiten ist sie, wie alle unsere Freunde, überaus lobenswert, einmalig großzügig, verständnisvoll. Nur in mancher Hinsicht, wie wir finden, vielleicht im Augenblick nicht der richtige Gesprächspartner. Denn wenn wir unsere gemeinsame Trauer über den toten Freund austauschen wollen, aber gleichzeitig auch ein wenig den Finger heben – »Wir haben immer gesagt, er soll den Arzt wechseln« –, werden wir von ihr zu hören bekommen: »Wir sind alle in Gottes Hand«, was ja sein mag, aber einen im Moment nicht in nötigem Maße interessiert. Also Charlotte lieber nicht.

Und wer käme am Vormittag sonst noch in Frage? Da stünde uns Roberta zur Verfügung.

Sie verlässt das Haus erst um zwölf Uhr dreißig. Solange wir sie kennen, hat sie nie für sich gekocht und hält überhaupt nichts von denjenigen, bei denen sich alles ums Essen dreht. Deshalb kann sie auch mit all den Meisterköchen, die uns das Fernsehen vorsetzt, wenig anfangen und äußert sich sehr abfällig über sie: »Da ist wieder dieser idiotische Mann mit seinen Kartoffelpuffern.« Sie ist Kriegerwitwe, aber trotz dieser traurigen Tatsache recht gut über die Runden gekommen, auch wenn sie nicht mehr geheiratet hat. Jetzt als Rentnerin nützt sie die Zeit, um lange zu schlafen und bis Mittag in der Wohnung herumzuschlampen, bis es Zeit ist, sich eine Futterstelle zu suchen. Sie kennt sämtliche Restaurants in der Umgebung, vor allem die bezahlbaren, und probiert gern Neues aus. Wie wir finden, macht sie von diesem Hobby manchmal ein bisschen zu viel her und kommt immer wieder mit dem Vorschlag, sie dabei doch einmal zu begleiten, der leider bei uns auf keine Gegenliebe stößt. Gerade erst hat sie wieder etwas »ganz Tolles« entdeckt: eine Kantine, ganz in ihrer Nähe, in der Damen und Herren der Verwaltung ihr Essen einnehmen und die zu ihrem großen Erstaunen für jedermann zugänglich ist, außerdem auch noch »sagenhaft« billig. Sie ist bei ihren Entdeckungen jedes Mal ganz besessen davon, was sie da wieder herausgefunden hat. Ohne Zweifel wird sie nach unseren ersten einleitenden Sätzen über das traurige Schicksal des Freundes sofort wieder mit so etwas anfangen. Also Roberta können wir streichen.

Und wie sieht es am Nachmittag aus? Da sind erst einmal die Zeiten der Mittagsruhe sehr streng zu beachten, die zwischen zwölf und vier liegen und auch den Herren des Freundeskreises heilig sind. Nach wie vor ist es die Aufgabe der Ehefrauen, uns mitzuteilen, dass Ludwig sich gerade hingelegt hat, etwas, was ein Herr alter Schule nie zugeben würde. Er tut vielmehr gerade etwas sehr Wichtiges, bei dem man ihn zwar stört, aber: »Macht nichts, du weißt, ich bin immer für dich da.« Selbst im hohen Alter hat er in der Wohnung immer noch ein eigenes Plätzchen ganz für sich, das frühere Herrenzimmer, heute Büro genannt, während seiner Frau zum Schreiben der Esstisch genügen muss. Das Nickerchen wird sehr unterschiedlich gehalten – bei einigen beginnt es schon um ein Uhr, bei anderen erst um drei. Auch muss man mit Unregelmäßigkeiten rechnen.

Barbara fällt aus, sie sieht ab sechzehn Uhr eine Telenovela, was sie nie zugeben würde und als großes Geheimnis hütet, das wir alle mit ihr teilen. Es ist eine der Endlosserien, in denen, bis auf wenige Ausnahmen, viel Wechsel stattfindet. Auch hier, wie Barbara in unbedachten Momenten erzählt, kommt man mal wieder nicht ohne Adel aus und beeindruckt die Zuschauer mit Sätzen wie: »Was erlauben Sie sich eigentlich? Ich bin eine von Lindhorst.«

Und wie ist es mit Mumpi? Sehr ungünstig – die sieht Fliege. Aber dann fragen wir uns, gibt es diesen Pastor, der sich immer mit dem Satz »Passen Sie gut auf sich auf« vom Publikum verabschiedet, überhaupt noch? Oder bringen wir das jetzt durcheinander, und der Spruch stammt von einer dieser kessen Moderatorinnen mit tiefem Ausschnitt? Ach, wenn es das Fernsehen nicht gäbe mit all seinen Nichtig- und Wichtigkeiten, das dafür sorgt, dass uns der Gesprächsstoff nie ausgeht! Worüber könnten wir uns sonst so endlos unterhalten und empören, wenn uns die Füße gerade noch bis zum Kaufmann um die Ecke oder zur Parkbank tragen und wir die Zeitungen nur mit riesigen Lupen lesen können?

Besonders heilige Zeiten sind natürlich die, in denen die Nachrichten gesendet werden. Da gibt es leicht Missstimmungen, wenn man sie durcheinanderbringt und nicht mehr weiß, wer *Heute* und wer die *Tagesschau* sieht. Abgesehen davon, gehören zum Freundeskreis Menschen, die sich stündlich immer dieselben Nachrichten ansehen oder anhören und dabei von ihrer Umgebung auf keinen Fall gestört werden dürfen. »Aber davon«, sagt Barbara spitz, »werden die Renten auch nicht höher.«

Die letzte Möglichkeit wäre Gerda, die das Glück hat, noch keine Witwe zu sein. Bei ihr haben die Enkelkinder das Sagen und dürfen, soweit es für die Kinderseelen unschädlich ist, das Programm bestimmen. Dummerweise beginnt ihre Lieblingssendung erst gegen einundzwanzig Uhr, dafür dauert sie aber nur fünf Minuten. Es handelt sich um ein Brot, das Bernd heißt und allerlei anstellt, was die Großeltern auch ganz ulkig finden. Aber danach steht uns Gerda jederzeit zur Verfügung, denn ihr Mann sieht Sport. So auch diesmal.

Natürlich ist Gerda von dem plötzlichen Tod des Freundes auch tief erschüttert, ganz schrecklich, und wir ergehen uns wechselseitig in Lobeshymnen über ihn. Aber leider kommen wir mit diesem Thema nicht so ausführlich zu Worte, wie wir gedacht haben, denn wie Gerda nun mit halblauter Stimme berichtet, hat es bei ihnen gerade ziemlichen Knies gegeben. »Und stell dir vor, nur wegen eines dämlichen Fotos.«

Gerda gehört zu der Sorte Großmütter, bei denen es auf den Regalen von Fotos der Kinder und Enkelkinder nur so wimmelt. Nun leben wir in einer schnelllebigen Zeit, und manches hat einen kürzeren Atem als gedacht, vor allem, was Gerdas ältesten Sohn betrifft, der nun hofft, mit der dritten Gattin endlich das große Los gezogen zu haben. Bekannterweise ist die gute Gerda ein wenig schusselig, und so hatte sie heute bei der ersten Begegnung mit der neuen Schwiegertochter vergessen, die vorangegangene samt Sohn, beide in inniger Umarmung, aus dem Silberrahmen zu entfernen. Es dauerte seine Zeit, bis sie begriffen hatte, warum die Stimmung so eisig war und die Schwiegertochter ohne lange Erklärung zum Aufbruch drängte. Vor zehn Minuten hat der Sohn ohne Rücksicht auf »Bernd das Brot« angerufen und sie mit Vorwürfen überschüttet. Ehrlicherweise finden wir dieses Drama auch hochinteressant und vergessen darüber ganz die Trauer um den verstorbenen Freund.

Aber neben dem Fernsehen muss man auch noch vieles andere bedenken, um nicht ins Fettnäpfchen zu treten: Jemand ist zum Beispiel gerade nach einer sehr unangenehm schmerzhaften Behandlung vom Zahnarzt zurückgekehrt, und wir vergessen ganz, ihn als Erstes zu fragen, wie er es überstanden hat, sondern reden gleich ungehemmt drauflos. Wir müssen also ebenso die Arzt- und anderen Termine der Freunde im Kopf haben.

Da kommt dann, je älter wir werden, immer häufiger der Moment, in dem wir uns nicht nur von den Katastrophen, mit denen uns die Medien überschütten, Vulkanausbrüchen, Flutwellen, Wirbelstürmen und Menschen, die sich in die Luft sprengen, überfordert fühlen, sondern auch von den ständigen Dramen in den Familien um uns. Plötzlich ist es so weit, wir wollen nichts mehr sehen und hören, ziehen uns in unsere vier Wände zurück und genießen die Stille. Solche Augenblicke erinnern mich an die damals fünfjährige Tochter meiner Freundin, inzwischen selbst Großmutter, der man die Mandeln entfernte. Erfüllt von dem aufregenden Erlebnis, ein Krankenhaus zu betreten, sah sie mit fröhlicher Erwartung diesem Eingriff entgegen, war aber danach ziemlich mitgenommen. Als der Arzt sie aufforderte, noch einmal den Mund zu öffnen, sagte sie weinerlich: »Ich sag jetzt ›aaa‹ und dann gar nichts mehr.« Und dieses Gefühl haben wir jetzt auch oft. Deshalb nehmen wir sehr zögerlich den Telefonhörer ans Ohr und seufzen tief, als uns eine vertraute Stimme fragt: »Hast du schon gehört?«, und, ohne auf eine Antwort zu warten, weiterspricht: »Die Rente wird erhöht, um 1,1 Prozent!« Und da fangen wir an, aus vollem Hals zu lachen. Barbara Rütting hätte ihre Freude an uns. Wir lachen uns scheckig, gut und gern für vierundzwanzig Stunden Schlaf.

Die Tagesmutter

Angenehm von der Frühlingssonne gewärmt, saß Frau Kleinjung auf einer Parkbank und ärgerte sich gewaltig. Es war ein Artikel aus ihrer Lokalzeitung, der sie in Rage brachte. Darin wurde das leidige Rententhema wieder mal von allen Seiten beleuchtet und ihre Generation mit der angeblich hohen Altersversorgung abwechselnd als Ausbeuter der Jungen oder als Kostenfaktor bezeichnet. Aber dann erinnerte sie sich sehr schnell an ihre Mutter und das, was sie gesagt hatte, wenn Töchterchen Erika mal wieder wütend mit dem Fuß aufstampfte, weil ihr was nicht passte: »Nur zu Kind, Ärger belebt den Kreislauf mehr, als sich halb tot zu freuen, und ist also sehr gesund.« Tatsächlich durchpustete der Zorn ihr Gehirn gründlich, und ihr fielen plötzlich wieder alle Bezeichnungen ein, mit denen man die Bevölkerung wie Weckgläser etikettiert hatte: Bombengeschädigte, Evakuierte, Flüchtlinge, Vertriebene, Übersiedler, Verfolgte,

Kriegsversehrte, Brüder und Schwestern, Mitläufer. Und jetzt waren ihre Jahrgänge nur noch ein Kostenfaktor! Ein starkes Stück! Wem, bitte schön, fiel sie denn zur Last? Das Geld für die Rente hatte sie sich durch harte Arbeit und in Zeiten, in denen man weder einen freien Sonnabend noch eine Vierzigstundenwoche kannte, redlich verdient. Und heute, auch als alleinstehende Rentnerin, war sie durchaus noch von Nutzen. Schließlich hatte sie sich einem Tierheim als Tagesmutter zur Verfügung gestellt.

Sie strich dem zu ihren Füßen dösenden Hund zärtlich über den Kopf. Es war eine ziemliche Promenadenmischung mit großen Pfoten, aber glänzendem Fell und Schlappohren. Der Hund klopfte zwar freundlich mit dem buschigen Schwanz die Erde, aber es war ihm anzumerken, dass er sich von Herzen langweilte. »Nicht wahr, Ronni, es gefällt dir sehr, dass du nicht die Tage in dem Tierheim verbringen musst. Ja, wenn du mich nicht hättest.« Der Hund gähnte herzerweichend. Es stimmte, täglich wurde er samt Futter jeden Morgen bei dieser Frau abgegeben und abends wieder abgeholt. Die ersten Jahre waren ja auch sehr vergnüglich gewesen. Dieser Mensch, der ihn da streichelte, hatte weite Spaziergänge mit ihm gemacht und ihn sogar zu Ausflügen mitgenommen. Aber in letzter Zeit war davon keine Rede mehr. Er musste stundenlang bei ihr vor irgendwelchen Bänken sitzen und hatte keine Chance, mit anderen Hunden auf der Hundewiese herumzutoben. Aber Ronni, der eigentlich Ronaldo hieß, war ein Philosoph. Es gab Schlimmeres in einem Hundeleben, als in der Sonne herumzuliegen und sich zu langweilen.

Frau Kleinjung las weiter in ihrer Zeitung, als ein Schatten auf das Blatt fiel, Ronni plötzlich freudig winselte und ein kratziges Stimmchen sagte: »Darf ich ihn streicheln, Tantchen?« Frau Kleinjung runzelte die Stirn und sah auf. Vor ihr stand ein wohl etwa fünfjähriges, dickliches Mädchen. Frau Kleinjungs Kinderliebe hielt sich sehr in Grenzen – ihr Herz schlug für Tiere, vor allem für Hunde. »Was willst du?«, fragte sie schroff. Das Kind starrte verzückt auf Ronni, der ebenso verzückt reagierte und ihr die Pfote reichte. Kein Zweifel, es war von beiden Seiten Liebe auf den ersten Blick.

Das besänftigte Frau Kleinjung. »Wie heißt du denn?«, fragte sie das Mädchen in sehr viel milderem Ton.

»Dörte«, sagte das Kind.

Frau Kleinjung sah sich um. Bis auf eine ziemlich weit entfernte joggende Gestalt war niemand im Park zu sehen. Frau Kleinjung durchfuhr ein heftiger Schreck. Womöglich war das Kind weggelaufen, und sie musste sich darum kümmern, dass es wieder zurück zu den Eltern kam, wie unangenehm! »Was machst du denn hier allein im Park?«, fragte sie wieder wesentlich strenger.

Das Kind zeigte auf die sich nähernde Läuferin und sagte: »Das da ist meine Mami, sie rennt immer rund um die Hundewiese, mindestens tausendmal.«

»Ach so«, sagte Frau Kleinjung sehr erleichtert, »ich hab euch hier noch nie gesehen. Und warum läufst du nicht mit?«

»Bin ich ein Karussell?«, fragte Dörte.

Darüber musste selbst Frau Kleinjung schmunzeln. »Wenn du magst«, hörte sie sich zu ihrem eigenen Erstaunen sagen, »kannst du mit Ronni auf die Hundewiese gehen. Er ist ein ganz liebes Tier, hat aber leider die Angewohnheit, anderen Hunden die Bälle zu klauen.«

»Hat er denn keinen eigenen?«, fragte Dörte.

»Darauf legt er keinen Wert, wahrscheinlich

166

schmeckt ihm seine eigene Spucke nicht.« Dörte lachte laut, was Frau Kleinjung sehr gefiel.

Während Dörte mit dem Hund auf der Wiese herumtollte, kam ihre Mutter auf die Bank zugetrabt und fragte, hin und her tänzelnd, schwer atmend: »Kind gesehen?« Frau Kleinjung zeigte auf die Wiese: »Sie spielt mit meinem Hund.«

»Danke schön.« Dörtes überschlanke, langmähnige Mutter rannte weiter. Als sie zum drittenmal vorbeikam, hielt sie an und setzte sich, nach Luft ringend, neben Frau Kleinjung. »Sie gestatten«, keuchte sie, »kleine Pause.« Dann rief sie nach ihrer Tochter, die auch gehorsam mit Ronni im Gefolge zur Bank zurückkehrte.

»Was ist denn das«, sagte Frau Kleinjung mit strenger Stimme zu ihrem Hund, »mal wieder einen Ball geklaut?« Betrübt ließ ihn Ronni fallen, und Dörte warf den Ball mit Schwung auf die Wiese zurück.

Ihre Mutter sah auf die Uhr. »Wir müssen nach Haus.«

»Ach Mami, lauf doch noch eine Runde«, bettelte Dörte. Aber die Mutter hatte sich schon erhoben, ihre Hand ergriffen und trabte, von Ronnis traurigem Gewinsel begleitet und Frau Kleinjung einen Dank zurufend, mit ihr davon.

Einen Tag später wurden sie und Ronni unsanft aus ihrem Mittagsschläfchen geweckt. Es klingelte heftig an der Wohnungstür. Verdammte Post, dachte Frau Kleinjung, als sie sich aus der Decke wickelte und vom Sofa rappelte, jeden Tag kommt sie zu einer anderen Uhrzeit. Gähnend schlurfte sie zur Tür. »Ist da der Briefträger?«, fragte sie.

»Nein ich«, antwortete ihr eine Stimme, die ihr bekannt vorkam. Sie öffnete die Tür, und das »Ich« entpuppte sich als das dickliche kleine Mädchen Dörte. »Du schon wieder«, rief Frau Kleinjung ärgerlich, »und das auch noch zur Mittagszeit.«

»Kann ich reinkommen?«, fragte Dörte ungerührt und drängte sich, ohne die Erlaubnis abzuwarten, an Frau Kleinjung vorbei ins Wohnzimmer, wo Ronni sich gerade aus seinem Korb erhob und sie freundlich, aber nicht mehr ganz so enthusiastisch begrüßte, denn auch er fühlte sich gestört.

»Ich fass es nicht«, sagte Frau Kleinjung mehrmals hintereinander – ein beliebter Ausspruch von ihr, »wo kommst du denn her?«

»Aus der Schule«, sagte Dörte erstaunt, »woher denn sonst, ich bin doch schon sieben.«

»Bestimmt wartet deine Mutter auf dich«, rief Frau Kleinjung ungehalten, »und überhaupt, woher hast du meine Adresse?«

»Ich habe dich gestern auf der Straße gesehen und bin dir nachgegangen. Du wohnst ganz nah von uns, gleich um die Ecke, Tantchen.«

»Nenn mich nicht Tantchen«, sagte Frau Kleinjung unwirsch.

»Warum nicht?«, sagte Dörte, »alle Kinder in der Klasse haben Tanten, nur ich hab keine.«

»Aber bestimmt Großeltern?«, wollte Frau Kleinjung wissen.

»Ja, die hab ich, aber ich kenne sie nicht.« Dörte kauerte sich neben den Hund und schmuste mit ihm.

»Sei es, wie es sei«, sagte Frau Kleinjung energisch, »du gehst jetzt besser nach Hause, deine Mutter ängstigt sich sonst.«

»Meine Mutter ist gar nicht da, die ist shoppen. Wenn ich nach Hause komme, ist sie meist weg, aber das Essen brauche ich mir nur in die Mikrowelle zu stellen.«

»Dann tu das«, sagte Frau Kleinjung kühl. »Ronni und ich wollen jetzt unsere Ruhe haben und keinen Fremden in der Wohnung.«

»Darf ich wiederkommen, Tantchen?«, fragte

Dörte, über diese Abfuhr ungerührt hinweggehend.

»Nein«, sagte Frau Kleinjung und öffnete ihr die Wohnungstür. Das Kind trollte sich. Frau Kleinjung kehrte erleichtert auf ihr Sofa zurück und Ronni in sein Körbchen.

Wie gewohnt, so gegen drei, machte sie sich mit Ronni an der Leine auf den Weg in den Stadtpark. Nach ein paar Schritten fragte eine nur allzu bekannte Stimme hinter ihr: »Darf ich mitkommen und Ronni führen?« Frau Kleinjung seufzte, schon wieder dieses lästige Kind! Aber dann kam ihr die Idee, es wäre vielleicht doch ganz praktisch, Dörte in den Park mitzunehmen. Dann entfiel für sie die anstrengende Lauferei, sie konnte es sich mit ihrer Zeitung auf einer Bank gemütlich machen, während Ronni und die Kleine sich auf der Wiese vergnügten.

Bald wurde dieses hartnäckige Kind ihre ständige Begleiterin. Das Resultat zeigte sich nach ein paar Wochen: Hund und Kind wurden merklich schlanker, Frau Kleinjung nahm kräftig zu. Es dauerte nicht lange, und Dörte begleitete sie nicht nur in den Park, sondern nistete sich auch in ihr übriges Leben ein. Sie teilte mit Tantchen das Mittagessen, ließ sich bei den Schularbeiten helfen und schaffte es, dass Ronni mehr und mehr zu ihrem Hund wurde, den sie bürstete, mit kleinen Leckereien verwöhnte und mit dem sie, sonst eher schweigsam, lange Gespräche führte. Außerdem bemühte sie sich eifrig, ihm ein paar Kunststückchen beizubringen, von denen er aber nur eins willig annahm: »Toter Mann!« Das, schien Ronni sich zu sagen, war leicht zu bewerkstelligen – einfach der Länge lang auf den Rasen legen und sich nicht rühren, vorausgesetzt, man wurde nicht von Fliegen belästigt oder von Zecken gebissen. Seine Lieblingsbeschäftigung, Bälle zu klauen, hatte er inzwischen aufgegeben, stattdessen schienen jetzt die auf Jagd gezüchteten seiner unterschiedlichen Vorfahren durchzuschlagen, und er hatte es plötzlich auf die Krähen abgesehen. Diese klugen Vögel gingen begeistert auf dieses Spiel ein und foppten ihn, wo sie konnten, hüpften mit hängenden Flügeln, als seien sie kurz davor, den Geist aufzugeben, mühsam durch das Gras, und erhoben sich, wenn er dann angewetzt kam, Millimeter vor seiner hechelnden Schnauze mühelos in die Luft, stießen im Abflug noch einmal krächzend auf ihn herab und beklecksten mit Wonne sein glänzendes Fell.

Inzwischen hatte Frau Kleinjung Dörte und ihre Mutter besucht. Sie wurde zwar liebenswürdig empfangen, aber die Mutter wirkte auf sie ziemlich durchgeknallt. Sie war erfüllt von der Astrologie und von Engeln, von denen sie ganz verzückt sprach. Jeder Grashalm habe seinen Engel, der sich über ihn beugt und flüstert: »Wachsen, wachsen, wachsen.« Engel stünden einem ständig zur Seite und würden einem helfen, das Leben zu meistern.

Als jedoch Frau Kleinjung vorsichtig fragte, ob Dörte nicht zu oft sich selbst überlassen sei und so leicht eine Einzelgängerin werden könne, wurden die eben noch vor Verzückung glänzenden Augen der Mutter schmal, als sie mit ein wenig schriller Stimme antwortete: »Meine Tochter hat eine gute Aura, der kann nichts passieren! Eher könnte es sein, dass ich sie zu sehr verwöhne.« Aber dann lächelte sie Frau Kleinjung wieder charmant an und bedankte sich bei ihr noch einmal herzlich, dass sie sich so reizend um ihre Tochter kümmere. Dann sah sie kurz auf ihre Armbanduhr, fuhr erschrocken zusammen und rief: »Wir haben so nett geplaudert, dass ich fast meinen Termin in der Gruppe vergessen habe! Dort will ein Meister versuchen, uns den Weg zur Selbstliebe zu öffnen und verborgene Potentiale sowie die Begegnung mit dem inneren Kind in uns zu wecken.« Sie übergab Dörte dem Gast und husch, weg war sie.

Kopfschüttelnd folgte Frau Kleinjung Dörte ins Kinderzimmer. Ein halbes Dutzend teuerster Modellpuppen glotzte sie an. Frau Kleinjung war tief beeindruckt. »Du hast aber großzügige Eltern«, sagte sie und nahm eine Puppe in Schwarzwaldtracht mit Zöpfen und blauen Augen in die Hand. »So etwas habe ich mir glühend als Kind gewünscht, aber die Zeiten waren damals schlecht und Puppen sehr teuer.«

»Puppen, Puppen«, sagt Dörte, »immer krieg ich Puppen!«

»Warum nicht?«, fragte Frau Kleinjung. »Mädchen spielen doch nun mal gern mit Puppen!«

»Ich hätt aber viel lieber einen Hund.«

»Von wem hast du sie denn, von deiner Mutter?«

Dörte schüttelte den Kopf. »Die Schwarzwaldpuppe ist von meinem Vater. Und diese da« – Dörte deutete auf etwas, das eher einem Kasperle glich – »ist von meinem Stiefvater, aber den gibt es auch nicht mehr, wir haben jetzt nur noch Herren.«

Frau Kleinjung setzte sich mit ihrer Traumpuppe ratlos auf einen Stuhl. »Was für Herren denn?«, fragte sie etwas töricht.

»Eben Herren. Sind alle sehr nett und schenken mir immer Puppen – aber irgendwann verlieren sie ihre Aura, und ohne Aura, sagt meine Mama, ist der Mensch nichts wert.«

»Hab ich denn eine?«, wollte Frau Kleinjung wissen.

»Vielleicht«, sagte Dörte, »aber Ronni hat bestimmt eine.«

Jedenfalls, dachte Frau Kleinjung, als sie nach Haus ging, herrscht hier keine Kinderarmut, so wie das Haus eingerichtet ist, scheint es an Geld nicht zu fehlen. Trotzdem ist Dörte arm dran. Kein Wunder, dass sie ständig Selbstgespräche mit Ronni führt. Wenn sie allein zu Haus ist, sitzt sie wahrscheinlich stundenlang vor dem Fernseher. Bei mir darf sie das nicht, aber da ist sie ja auch nicht allein. Die viele frische Luft tut dem Kind jedenfalls gut, sie hat richtig Farbe bekommen.

Doch Dörte konnte noch eine Menge anderer Dinge als nur einen Hund spazieren zu führen. Sie kaufte für ihr Tantchen ein, half ihr in der

Küche und erwies sich als eine sehr gelehrige Schülerin, was den Haushalt betraf. Bald konnte sie unter Frau Kleinjungs Anleitung einen Kuchen backen, Koteletts braten, Gemüse dünsten, wusste wie viele Löffel gemahlener Kaffee in den Filter gehören und wie lange man aufgebrühten Tee ziehen lassen muss. Zur Belohnung wurde sie von Frau Kleinjung ins nahe Tierheim mitgenommen. Es war der Tag der offenen Tür, und der Leiter des Heims hielt nach der Besichtigung einen Vortrag über die Grausamkeit des Menschen gegenüber den Tieren. Gleichzeitig ließ er durchblicken, dass jede auch noch so kleine Spende willkommen sei, um ihre Arbeit für die Tiere zu unterstützen.

Dörte war sichtlich beeindruckt. Schweigsam trottete sie neben Frau Kleinjung zum Bus. Plötzlich blieb sie stehen. »Meine Puppen«, sagte sie vor sich hin, »ich verkaufe meine Puppen.«

»Deine Puppen?«, fragte Frau Kleinjung verständnislos. »Deine Mutter wird dir was husten.«

»Wird sie nicht«, sagte Dörte halsstarrig, »damit kann ich machen, was ich will.«

Frau Kleinjung lenkte ein. »Du kannst sie ja mal fragen, aber bitte nicht die Schwarzwaldpuppe, die ist einfach zu schön. Was hast du denn mit dem Geld vor?«

»Spenden«, sagte Dörte.

Frau Kleinjung war gerührt. »Du bist ein gutes Kind«, sagte sie und dachte, es war ja auch wirklich ein bisschen happig, was da von den zwei Welpen erzählt worden war, die man, halb erstickt und halb verdurstet, festgebunden an einem Telefonmast in der Nähe der Autobahn gefunden hatte. Aber Kinder vergessen ja schnell.

Doch bei Dörte war das nicht der Fall, die war nun mal hartnäckig und zielstrebig. Drei Wochen später streckte sie Frau Kleinjung einen Umschlag entgegen. »Was ist denn da drin?«, wollte Tantchen wissen.

»Geld«, sagte Dörte.

»Aber doch wohl nicht für mich«, rief Frau Kleinjung.

Dörte schüttelte den Kopf. »Für das Tierheim, dreihundert Euro. Ich hab sie alle verkauft, auf dem Flohmarkt und in der eBay-Filiale, bis auf die Schwarzwaldpuppe, die hat mir schließlich mein Papa geschenkt.«

»Ich wette«, sagte Frau Kleinjung, wenig erbaut, »deiner Mutter hast du nichts davon erzählt.«

Dörte sah sie verwundert an. »Musste ich doch, ich bin ja noch ein Kind und darf meine Sachen nicht einfach verkaufen, jedenfalls nicht bei eBay.«

Frau Kleinjung blieb wenig Zeit, darüber nachzugrübeln, was sie von dieser Aktion halten sollte, denn noch am selben Tag, nachdem sie das Geld dem hocherfreuten Leiter des Tierheims gebracht hatte, wurde ihr, während Dörte über ihren Schularbeiten saß, plötzlich schwindelig, und sie schaffte es gerade noch zum Sofa. Der von Dörte weinend herbeigerufene Arzt konnte das Kind beruhigen.

»Wir haben extreme Witterungsverhältnisse, da passiert so was schon mal bei einem alten Menschen. Deine Tante muss sich jetzt ein bisschen schonen, aber in zwei, drei Tagen ist sie wieder auf den Beinen.« Und anerkennend: »Du schmeißt jetzt wohl den Laden hier? Respekt!«

Dörte war ganz in ihrem Element und durfte auch bei Tantchen übernachten, denn die Mutter wollte an einem Wochenendseminar außerhalb der Stadt teilnehmen, in dem man lernte, Abstand vom Alltag zu nehmen und seine ursprüngliche Weiblichkeit zu nähren. Sie gab ihrer Tochter, um die Genesung von Frau Kleinjung zu fördern, sogar eine Broschüre mit, in der es um den Erzengel Gabriel ging und seine Energien, die er den Menschen sandte, und wünschte Tantchen gute Besserung.

Bald war Dörte in der Nachbarschaft bekannt wie ein bunter Hund. Sie kaufte ein, nahm gnädig die Essensspenden der Nachbarn entgegen, aber verwehrte ihnen jeden Besuch – »Tantchen schläft« wurde ihr Lieblingssatz. Nur am Vormittag, wenn sie in der Schule war, durfte man sich Frau Kleinjung nähern, und die hatte alle Mühe, die Hausbewohner zu beruhigen, die sich über dieses Gör beklagten, das man ja einerseits bewundern musste, aber andererseits doch recht altklug fand.

Tantchen erholte sich, wie der Arzt vorausgesagt hatte, sehr schnell. Beschleunigt wurde die Rekonvaleszenz noch durch zwei sehr erfreuliche Ereignisse: Dörte, eine recht mäßige Schülerin, schrieb eine Eins und bekam von ihrem Klassenlehrer ein großes Lob. Das Aufsatzthema »Mein schönstes Erlebnis« kam Dörte wie gerufen. Sie berichtete darin, wie sie ihr Tantchen gepflegt hatte. »Na also, es geht doch«, sagte der Lehrer höchst erstaunt über Dörtes gelungenes

Werk. »Sehr lebendig, sehr anschaulich, nur bin ich mir nicht ganz sicher, ob du nicht doch das Thema verfehlt hast und man hier mehr von Hilfsbereitschaft als von etwas Schönem sprechen kann – egal«, er gab ihr einen aufmunternden Klaps auf die Schulter, »weiter so!«

Das zweite freudige Ereignis war Dörtes Schwarzwaldpuppe, die in Frau Kleinjungs Wohnung einzog. Darüber war Frau Kleinjung sehr gerührt. Sie gab ihr sofort einen Ehrenplatz auf ihrem Bett, so wie sie es vor Jahrzehnten auch bei den Eltern gesehen hatte. Sie war schnell wieder fit genug, um Dörte und Ronni in den Stadtpark zu begleiten. Das Kind zeigte sich sehr besorgt. »Wenn dir das man nicht zu viel wird, Tantchen.«

»Unsinn«, sagte Frau Kleinjung, »du weißt doch, Unkraut vergeht nicht.«

Inzwischen hatte Dörte die geeigneten Schuhe, den richtigen Mantel, leicht, aber doch warm, und ein aufblasbares Kissen herausgesucht. »Damit du bequem sitzt und dich nicht erkältest, Tantchen.« Ausgerüstet wie zu einer Polarexpedition zogen sie los. Es brauchte eine Weile, bis Dörte die passende Bank ausgesucht, sorgsam abgewischt und Tantchen darauf platziert hatte. Während sich Frau Kleinjung in ihr Lokalblättchen vertiefte und ihren Kreislauf durch einen Artikel belebte, bei dem es mal wieder um die Rente und die Kosten der ständig wachsenden Pflegefälle ging, fiel ihr dann aber zu ihrer Beruhigung auch wieder die Rede des ebenfalls nicht mehr ganz taufrischen Leiters des Tierheims ein, als er sie und Dörte mit anderen Spendern zu einem bunten Nachmittag eingeladen hatte. Dort erwähnte er auch Dörte, dieses entzückende Enkelkind von Frau Kleinjung, die sogar ihre geliebten Puppen für die gute Sache geopfert habe, und wie schön es doch sei, wenn Alt und Jung sich gegenseitig stützten.

Unterdessen hatte Dörte eifrig an Ronnis Fell herumgeputzt, ihm die Ohren gesäubert und ihn dann zu Frau Kleinjungs Füßen abgelegt. Nun suchte sie in einer großen Tasche nach einem Medikament, das Tantchen unbedingt jetzt sofort nehmen musste. »Also wirklich, Kind«, sagte Frau Kleinjung leicht genervt, »du musst dir nicht so viel Sorgen um mich machen. Übrigens haben wir was ganz anderes vergessen, wir hätten deine schöne Puppe mitnehmen sollen.«

»Warum das denn?«, sagte Dörte verständnislos.

Ronni seufzte, richtete sich auf und sah, vor sich hinhechelnd, Frau Kleinjung an, und sein Blick sagte so deutlich, als hätte er gesprochen: »Kapier doch endlich, *wir* sind ihre Puppen.«

Gerümpel

Zweifellos gehören wir Uralten, vorausgesetzt, wir können noch bis drei zählen, zur flexibelsten Generation, die es je gegeben hat, obwohl wir nach Ansicht der Jugend aus der Steinzeit stammen, in der es weder Pampers, Pizza noch Pommes gab. Wir sind in einer Zeit aufgewachsen, in der man die Frau mit dem Titel ihres Mannes schmückte – »Frau Geheimrat lassen bitten« –, die Frau eines Kommandeurs als Kommandeuse und in Bayern die Haushälterin des Expositus als Exposine bezeichnete, sehr zum Missbehagen der katholischen Kirche. In unserer meist und vor allem auf dem Land sehr engen Welt waren wir, egal in welchem Alter, immer nur ein Teil von irgendetwas – »Der neue Kohlenhändler? Das ist ein Kind von Stellmacher Krause, der soll sogar mal mit der Axt auf seinen Vater losgegangen sein.« – »Der neue Chefarzt vom Krankenhaus? Das ist doch der Sohn von Elisabeth, angeblich hat sie ihn als Baby mal im

Park vergessen, als ein schweres Gewitter im Anzug war.« – »Horst Neubers? Das ist der junge Mann von der Firma Egbert, der muss jetzt auch schon so an die siebzig sein.«

Es waren jene Jahre, als Väter ihre Babys nur bis zur Taille akzeptierten. Der untere Teil war »ba ba« – er war Sache der Frauen und höchstens in späteren Jahren für einen Klaps geeignet. Wir Kinder sangen: »Es geht ein Bi-Ba-Butzemann in unserem Kreis herum, widibum« und donnerten unermüdlich unter genau vorgeschriebenen Verrenkungen den Ball gegen Wand oder Tür, begleitet von dem Reim: »Armer Student, wäscht sich die Händ.« Im Gegensatz zu heute stolperten wir nicht mit zwei Stöpseln im Ohr geistesabwesend durch die Gegend, sondern produzierten unsere Musik selbst und sangen und pfiffen vor uns hin.

Das alles gehört leider zur Vergangenheit. Dafür fließen uns jetzt Begriffe wie Event, Wellness, innovativ und Mainstream nur so von den Lippen. Wir nennen einen Puff ein Bordell und sagen bei unserem gehetzten Rentnerdasein nicht mehr: »Die Ruhe sei dem Menschen heilig, denn nur Verrückte haben's eilig«, sondern versuchen uns zu »entschleunigen«. Auch haben wir gelernt, stillschweigend einzumotten, was noch vor ein paar Jahren in aller Munde war: den kollektiven Freizeitpark, die blühenden Landschaften und die Sozialleichen, also Bürger, die endgültig durch das soziale Netz gefallen waren. Da halten wir uns, wie es sich gehört, an die Spielregeln der Political Correctness.

In den Restaurants beugen wir uns mit kennerischer Miene über die Speisekarte, oft ohne die geringste Ahnung, was dieses oder jenes Gericht bedeutet, und sehen dann äußerst verdutzt auf das, was wir uns bestellt haben. Auf dem Teller liegt irgendetwas Wabbeliges, von Kräutern umkränzt, und schmeckt wie »Zunge aus dem Fenster«. Deshalb ein Tipp: Wenn Sie ein weiblicher Gast meines Alters sind, lassen Sie sich nicht vom Kellner die Speisekarte erklären, Sie geraten bestimmt an eine Aushilfskraft, die auch keine Ahnung hat. Lassen Sie also Ihre Blicke durch den Raum schweifen, bis Sie ein junges, schwer verliebtes Paar entdecken, das sich anscheinend gerade im siebten Himmel befindet und geradezu danach lechzt, irgendjemandem etwas Gutes zu tun. Gehen Sie an ihren Tisch und lassen Sie sich von dem Herrn die Gerichte erklären. Warum nicht von der Dame?, werden

Sie fragen. Männer erklären nun mal gern, besonders einem Menschen, der bewundernd und dankbar zu ihnen aufblickt, was man als alte Frau ja durchaus zu tun bereit ist. Das Paar wird sich gegenseitig an guten Ratschlägen überbieten, wird später an Ihren Tisch kommen und sich erkundigen, ob alles seine Richtigkeit gehabt hat, ehe es eng ineinander verzahnt dem Ausgang zustrebt, sich kurz davor noch einmal umdreht und Ihnen herzlich zuwinkt.

Wir Uralten sind also ziemlich angepasst – fast jedenfalls. Nur in einem bleiben wir so rückständig, wie es bereits unsere Großeltern und Urgroßeltern waren: Wir sehen einfach die Notwendigkeit nicht ein, unsere vier Wände regelmäßig nach Überflüssigem zu durchforsten.

Sicher gab es auch schon in meiner Jugend bewundernswerte Vorbilder für das Gegenteil, wie Großtante Sophie. Eines Tages überkam sie eine solche Ordnungswut, dass in dem zugegebenermaßen vorher reichlich vollgestopften Schloss kaum noch Mobiliar übrig blieb und es fortan die Gemütlichkeit einer leeren Feldscheune ausstrahlte. Sogar der Urahn, ein recht beleibter, nach seinem Portrait zu urteilen äußerst fröhlicher Mensch, der auf dem Bild mit gefülltem

Glas jedermann zuprostete, verschwand von seinem Platz über dem Kamin und wich einer herb lächelnden Madonna. Die Familie war entsetzt, und ein entfernter Onkel behauptete, der Blick dieser Dame lasse einem das Blut in den Adern gefrieren.

Leider teile ich diese Tugend der Tante nicht, und meine Wohnung wird Monat für Monat sichtlich kleiner. Aber erst wenn ich bereits im Flur über etwas stolpere, raffe ich mich auf, Ordnung zu schaffen. Das Fatale daran ist, dass man schon vorher weiß: das Weggeworfene wird man ein paar Wochen später dringend brauchen. Ein ebenso großes Hindernis sind die Erinnerungen, mit denen viele Gegenstände verknüpft sind, so dass sie bis jetzt trotz Altersschwäche oder obwohl völlig aus der Mode, noch nicht bei der Müllabfuhr gelandet sind. Dazu sind sie in meinen Augen immer noch zu schade, und die Ratschläge meiner Freunde, mich doch endlich von dem ganzen Kram zu trennen, stoßen auf taube Ohren. Sicher, die Farbe meines Badeteppichs entspricht nicht mehr dem Zeitgeschmack, aber eine von mir sehr geliebte Patentante hat ihn mir vor dreißig Jahren geschenkt, und gelegentlich, wenn ich auf ihm stehe, erinnere ich mich, wie mühsam es wohl für die Neunzigjährige gewesen sein muss, ihn auszusuchen, zu verpacken und zur Post zu bringen. Außerdem hat er bis heute nichts von seiner Qualität eingebüßt. Zwei stark abgenutzte Handtücher, die so dünn geworden sind, dass sich nicht einmal eine Motte in ihnen verstecken könnte, werden auch diesmal nicht von mir ausrangiert. Sie sind gleich nach dem Kriege eine nette Gabe gütiger Nonnen gewesen, bei denen ich im Krankenhaus das Weihnachtsfest verbrachte.

Ebenso geht es mir mit einem zwar noch funktionierenden, aber nach heutigen technischen Maßstäben nur sehr bedingt tauglichen Radio, das mir ein guter Mensch zu Zeiten, da dieses Gerät noch eine Kostbarkeit war, ins Krankenhaus mitbrachte. Längst fällig wäre auch, meinen Kühlschrank zu entsorgen, der beharrlich Eiszapfen bildet, so dass ich gezwungen bin, ihn alle paar Tage abzutauen. Wenn er gut gelaunt ist, schnurrt er leise vor sich hin, aber er gerät leicht mit der Mikrowelle aneinander, die in meiner schmalen Küche auf ihm Platz gefunden hat. Sobald ich sie anstelle, wird aus seinem Schnurren ein tiefes, unfreundliches Brummen. Die fünfundzwanzig Jahre alte Waschmaschine hat ebenfalls ihre Tücken. Ihr geht es anscheinend so wie unserem alten Milchpferd in meiner Kindheit – das musste man auch kräftig schubsen, damit es in Gang kam. Außerdem gerät ihre Trommel gelegentlich ins Eiern, und man muss sie schnell stützen, damit sie nicht plötzlich durch die Küche hüpft.

Ebenso sehr hängt mein Herz an einem von meiner früheren Vermieterin geerbten mindestens hundertjährigen Bett und seiner Matratze sowie an zwei, wie ich finde, sehr bequemen Polstersesselchen. Sie stammen noch aus jenen Jahren, wo Erben ohne Sinn, Verstand und Traditionsgefühl ihre schönen Häuser von allem Althergebrachten leerten und die kostbarsten Möbel auf der Straße landeten, wo schon Antiquare warteten und natürlich auch das gemeine Volk, wie ich. Leider reichte meine Kraft nicht, meine Beute auf einmal wegzuschleppen, aber ein netter Student bewachte sie so lange, bis ich wieder zurückgekeucht kam. Auch das sind schöne Erinnerungen, die sich hin und wieder einstellen, wenn ich sie mir so betrachte.

Mit meiner Markise lebe ich seit dreißig Jahren und höre gar nicht hin, wenn meine Freunde sagen: »Nun trenn dich doch endlich mal von diesem dreckigen Lappen.« Noch immer ist sie funktionsfähig wie am ersten Tag und die Qualität des Stoffes nach wie vor tadellos. Nur die reichlichen Flecken sind Zeuge für das wilde Leben der Jugend in den Siebzigern, als man sich so frei fühlte, dass man alles aus dem Fenster kippte, was man nicht mehr brauchte: Kaffeesatz, Essensreste, Zigarettenstummel.

Aber all das ist Schnee von gestern und fast vergessen. Wirklich gerührt denke ich nur an das Spatzenpaar, das fünf Jahre lang vergeblich versuchte, ein Nest in der hochgezogenen Markise zu bauen. Selbst wenn ich das Opfer gebracht hätte, die Markise im heißen Sommer nicht auszufahren, wäre der flügge gewordene Nachwuchs nie aus der Spalte herausgekommen. Als nun das Spatzenpaar zum wiederholten Male feststellte, dass ich ihr Nest zerstört hatte und die Reste auf dem Gras gelandet waren, hüpfte es auf der Stange vor dem Fenster zornig hin und her und zeterte so laut und lange, wie es nur ein Spatz fertigbringt. Es war sozusagen ihr Abgesang. Von da an verschwand es aus meinem Leben. Es hatte begriffen, dass man es nicht mit des Geschickes Mächten aufnehmen kann.

Eine aufgeräumte Wohnung ist ein sehr erhebendes Gefühl. Leider ist die Pracht der Ordnung nur von kurzer Dauer. Ich besitze ein weißes Schälchen aus Berliner Porzellan, dessen Boden ein kleiner Krebs ziert, der nach dem Aufräumen endlich wieder zutage kommt. Aber das Tageslicht ist ihm nur sehr kurz vergönnt: Manchmal macht es sich dort bereits nach einer Stunde wieder ein Knopf gemütlich, ihm folgen eine Büroklammer, dann drei Cents, eine Reißzwecke, zwei Stopfnadeln, drei aneinanderklebende Briefmarken sowie eine Aspirintablette, und schon sitzt der kleine Porzellankrebs wieder im Dunkeln.

In den eben noch tadellos aufgeräumten Schubladen ist es nicht anders, und in kürzester Zeit triumphiert wieder das Chaos – mit dem einzigen Unterschied, dass ich nun überhaupt nichts mehr finde.

Aber ich kann noch so guten Willens sein und mich anstrengen, es gelingt mir nicht, mein Gehirn davon zu überzeugen, dass es auch bei ihm an der Zeit wäre, all den Schwachsinn zu entrümpeln, den es seit Jahrzehnten gespeichert hat. Auf so was lässt es sich überhaupt nicht ein und serviert mir auch noch mit Genuss all den festgehaltenen Nonsens, und oft in den unpassendsten Momenten. Ich bin immer wieder erstaunt, was das Gehirn für wichtig hält, wie etwa die Verballhornung so mancher Balladen: »Er stand auf seines Daches Zinnen und schaute mit vergnügtem Sinn auf zehn belegte Brötchen hin – dies alles ist mir viel zu wenig, so sprach er zu Ägyptens König, gesteh, dass ich ein Vielfraß bin.« Ebenso ist es mit dem Lied, das meine Mutter gern sang, wenn sie guter Laune war: »Heinrich schlief bei seiner Neuvermählten, einer reichen Erbin von dem Rhein, Schlangenbisse, die den Falschen quälten, ließen ihn nicht ruhig schlafen ein«, oder: »Es kann vorkommen, dass Nachkommen von vornehmem Herkommen mit dem Einkommen nicht auskommen, nach Amerika rüberkommen, dort um- oder verkommen.«

Ausgerechnet so Nutzloses wird von meinem Gedächtnis wie ein kostbarer Schatz bewacht, während es das Wichtige achtlos fallen lässt. Gerechterweise muss ich aber zugeben, dass solche Sprüche für bestimmte Situationen durchaus passend sein können. Das war auch der Fall, als ich vor etlichen Jahren – ich war damals äußerst knapp bei Kasse – überraschend von einem mir nur flüchtig bekannten Ehepaar eingeladen worden war, über das gern ein bisschen geklatscht wurde – »Das Haus, so was habt ihr noch nicht gesehen, man fragt sich wirklich, woher bei denen das Geld kommt«. Neugierig fuhr ich hin. Zwar war der Krieg nun gut und gern mehr als zwanzig Jahre her, aber trotzdem waren die Zeitungen mit kriegerischen Vokabeln gespickt: »Massenvernichtungswaffen, Overkill, Drohpotential und Dreisprengkopfmittelstreckenraketen«, gleichzeitig aber auch die Bänke in den Parkanlagen mit wesentlich keckeren Sprüchen als heute bekritzelt: »Rotwein ist besser als Totsein«, oder: »Amis raus aus USA, Winnetou ist wieder da.« Schon das Haus der Gastgeber war sehenswert. Damals rückten die Großstädte den Dörfern noch nicht ganz so stark wie heute auf die Pelle, und so bot sich mir ein übergroßes Aquarium in einer kahlen, von vielen Kühen belebten Landschaft dar. In gewisser Weise erinnerte sein Inneres mich an Großtante Sophies Schloss, denn in den durchgestylten Zimmern lag nichts herum, was dort nicht hingehörte. Die Gäste führten sich gegenseitig nach dem Motto des Werbespruchs »Mein Haus, mein Auto, mein Pferd, mein Swimmingpool« ihren Besitz vor und unterhielten sich über Dinge, von denen ich keine Ahnung hatte: die Qualität von Golfplätzen, Kreuzschiffen und Hotels in aller Herren Länder. In diesem Augenblick schickte mir das Gedächtnis seine Botschaft: »Viele Menschen benutzen das Geld, das sie nicht haben, für den Einkauf von Dingen, die sie nicht brauchen, um damit Leuten zu imponieren, die sie nicht mögen.«

»Nun ja«, dachte ich, »Zeit zu gehen.« Der überstrapaziert wirkende Hausherr, der gerade seinen Gästen erklärte, welches Restaurant in Südfrankreich den besten Koch habe, schien erleichtert über meinen Aufbruch, und ich fragte mich auf dem Heimweg, wieso ich überhaupt eingeladen worden war – bis mich die Freunde aufklärten: »Du warst der adelige Sozialfall, so was braucht man heute. Gab's denn wenigstens ordentlich was zu futtern?« Ich schüttelte den Kopf: »Leider nur Schnittchen.«

Der Aufstand

Wir, die Uralten, die Steinzeitgeneration, haben ein großes Manko: Uns alte, alleinstehende Frauen gibt es – wir wollen hier taktvollerweise nicht »wie Sand am Meer« sagen – allzu reichlich, teils von der Natur bestimmt, teils durch den Krieg bedingt verwitwet oder unverheiratet geblieben. Und, wie wir wissen, was es im Überfluss gibt, ist nicht viel wert. Glücklicherweise sind wir alten Frauen aber hart im Nehmen. Unsere durch ein oft schweres Arbeitsleben verdiente Rente ist zum Beispiel nicht viel höher als die vor einigen Jahren eingeführte Grundsicherung, die jedem ab einem bestimmten Alter zusteht, wenn Not am Manne ist, egal, ob er je einen Finger gerührt hat. Das finden wir Rentnerinnen merkwürdig, regen uns aber nicht weiter darüber auf. Das Leben ist halt ungerecht, da kann man nichts machen.

Das Heim, in dem diese Geschichte ihren Anfang nimmt, ist einfacher Art, genügt aber durchaus den Ansprüchen, die heutzutage selbst Minderbemittelte stellen können, wie Einzelzimmer, Dusche und ein Mittagessen, bei dem man die Wahl zwischen zwei Gerichten hat. Die Pflegekräfte sind gut geschult, wenn auch reichlich knapp, aber sie würden nicht im Traum daran denken, ihre Schützlinge mit Muttchen, Oma oder Opa anzureden.

Der Eigentümer hat klugerweise erkannt, dass alte Menschen nicht immer nur ins Grüne starren wollen, sondern noch am pulsierenden Leben da draußen teilnehmen möchten. Und so liegt das Heim direkt an einer Straßenkreuzung, an der es alle Augenblicke kracht, was mit Genuss von den Zimmern aus zu beobachten ist und so die Unterhaltung bei den Mahlzeiten sehr belebt, denn häufig ist Hochinteressantes zu berichten. So konnte beobachtet werden, wie ein Sack Mehl vom Lastwagen fiel, auf den Kühler eines Cabriolets knallte, aufplatzte und den lässigen, in eleganter Sportkleidung hinter dem Steuer sitzenden Fahrer in eine überdimensionale Mehlmade verwandelte. Selbstverständlich wird jeder beobachtete Verkehrsunfall sofort dem Polizeirevier gemeldet, jedoch bleibt die Anerkennung für die Aufmerksamkeit des verantwortungsvollen Bürgers mit dem fünften Anruf endgültig aus.

Eine besonders glückliche Hand hat der Besitzer mit dem Heimleiter bewiesen, der ein Genie an Sparsamkeit ist, ohne damit die Heimbewohner zu verärgern. Er ist nicht mehr der Jüngste und gehört zu jener Generation, die das Glück hatte, es sich während des Studiums noch so richtig gemütlich machen und mehr Zeit mit Flower-Power und wilder Musik verbringen zu können als in staubigen Hörsälen. Es muss aber gerechterweise zugegeben werden, dass das lange Studieren und der angehängte, erheblich zügiger durchlaufene Kursus in Sozialgeriatrie nicht ganz vergeblich gewesen sind, denn Helmut Karge, wie der Leiter heißt, versteht es, das Personal zu motivieren, wenn er es auch gelegentlich mit der Bemerkung: »Na, ein kleines Päuschen?« erschreckt, weil er immer dann auftaucht, wenn man sich gerade ein wenig Ruhe gönnt. Er gibt sich große Mühe, für gute Stimmung bei den Senioren zu sorgen. Dazu gehört, dass er sich täglich eine der alten Frauen herausfischt und sich mit dem Ausdruck größten Verständnisses anhört, was sie bedrückt. Da die meisten Klagen sich sehr ähneln, kann er, ohne richtig hinzuhören, mühelos einen seiner unverbindlichen, salbungsvollen Standardsätze loslassen, die zu jedem Lamento passen: »Manchmal ist das alles eine schwere Bürde« – »Das haben Sie wirklich nicht verdient« – »Wie mutig Sie sind.« Meist trifft er damit ins Schwarze, aber manchmal geht es auch daneben. So, als er einer Neunzigjährigen zuhört, während sein wandernder Blick wohlgefällig an einer schmalhüftigen, langbeinigen Afrikanerin haften bleibt – besonders weil er diese sich als sehr tüchtig erweisende Pflegekraft für ein Praktikantengehalt einstellen konnte.

»Wieso mutig?«, fragt die Seniorin verwirrt. »Ich wollte doch nur ein paar Tipps von Ihnen, was für einen Fernseher ich mir kaufen soll.«

»Eben drum«, sagte Helmut Karge, über seinen ein recht schwaches Kinn verdeckenden, wohlgepflegten Bart streichend, mit sanfter, sonorer Stimme. »Ich weiß aber auch, dass alles Neue in Ihrem hohen Alter eine große Umstellung bedeutet, das nenne ich mutig.«

Die Seniorin lächelt geschmeichelt. »Ich denke, das schaff ich schon, ich muss mich eben ein bisschen bemühen.«

Der stets im Interesse des Besitzers sparsame

Herr Karge hat es sogar fertiggebracht, den Energieverbrauch im Haus stark zu drosseln. Er hat unlogisch, aber wirkungsvoll den Senioren in bewegenden Worten die Not der Dritten Welt geschildert, die uns dazu verpflichte, mit den Rohstoffen sorgsam umzugehen, besonders mit dem Öl, das ja heutzutage geradezu verprasst werde. Die Senioren nicken zustimmend. Früher, als man noch mit Holz und Kohle heizen musste, waren sie selbstverständlich auch damit sparsam umgegangen, und im Winter gehörte das allgemeine Frieren sozusagen zum Alltag, dagegen gab es schließlich Wolljacken und warme Stiefel und im Bett eine Wärmflasche. Nein, sie, die Uralten, wollen nicht auch noch schuld an diesem Unglück in der Welt sein. Also zeigen sie Verständnis für kühle Zimmer und trübe Beleuchtung im Gemeinschaftsraum.

In den letzten zwei Jahren ist dies mit einem »Bunten Abend« im Heim belohnt worden, bei dem neben einem bekannten Dichter, in dessen Versen es vor »Oh's« nur so wimmelte, auch ein flotter Klavierspieler auftrat, der ihnen all die schönen Lieder ihrer Jugend auftischte und gemeinsam singen ließ: »Ach verzeih'n Sie, meine Dame, Gottfried Schulze ist mein Name, und ich liebe Sie.« Dazu kamen ein Zauberkünstler und zwei Komiker, deren Witze – angeblich aus der Jugendzeit der Senioren, an die sich allerdings niemand mehr erinnern konnte – geflissentlich belacht wurden. Selbstverständlich war jemand von der Lokalzeitung erschienen, und die Bewohner konnten sich einige Tage später in dem Blättchen bewundern – »Dieser Mensch dahinten soll ich sein? Ich lach mich weg«.

Doch in diesem Jahr ist leider alles anders. Herbst und Winter haben schon früh eingesetzt, und es mehren sich die Stimmen, die ihre Zimmer als reichlich klamm bezeichnen. Außerdem hat die erstklassige Köchin gekündigt, und ihre Nachfolgerin zeigt eine Leidenschaft für Zusammengekochtes mit dem Gewürz der Seligen. Auch sonst gibt es in dem kleinen Heim Grund zum Nörgeln: Die frische Bettwäsche hat neuerdings den scharfen Geruch von Desinfektionsmitteln und wirkt schon gebraucht, ehe man darin geschlafen hat, und die Fenster sind seit einer Ewigkeit nicht mehr geputzt worden. Kurz, es herrscht dicke Luft, und die wenigen Herren, die diese Frauengemeinschaft noch beleben, haben sich ahnungsvoll in ihre Zimmer zurückgezogen und lassen sich nur noch zum Essen kurz blicken.

Ausgerechnet in diesem Moment, als sich selbst das Personal den Senioren nur mit äußerster Vorsicht nähert, entschließt sich der Heimleiter zu einem Schritt, der unheilvolle Folgen haben soll. Helmut Karge, der sonst jeden Stimmungswechsel der Bewohner sofort erfasst und die kleinsten Vorzeichen nicht übersieht, ist zu sehr mit den ständig steigenden Kosten beschäftigt, und so überhört er, dass beim Mittagessen der Salat als Kaninchenfutter bezeichnet wird und der Geschmack des Nachtisches die Rentner an IG-Farben erinnert. Ganz vertieft in Rechnungen, die Explosion der Heizkosten, die weit höher sind als in den letzten beiden Jahren, und anderes Unerfreuliche, grübelt er darüber nach, wie er das Ganze einigermaßen auffangen könnte – natürlich erst einmal mit der Erhöhung der monatlichen Miete sowie der Streichung von Planstellen und selbstverständlich des »Bunten Abends«. Zwar zwickt ihn für einen kurzen Moment das schlechte Gewissen, aber er ist der festen Überzeugung, dass seine Schutzbefohlenen großes Verständnis dafür haben werden – und wenn nicht, kann er es auch nicht ändern. Er lässt am Schwarzen Brett bekanntgeben, dass er am nächsten Tag nach dem Mittagessen den

Heimbewohnern einiges mitzuteilen habe, wobei diesmal das Adjektiv »erfreulich« fehlt.

Als er, trotz stattlicher Gewichtszunahme, mit federnden Schritten den Gemeinschaftsraum betritt, denkt er sogar, vielleicht gelingt es mir ja, ein paar der Alten für den Küchendienst zu gewinnen. Mit liebenswürdigem Lächeln beginnt er wie üblich mit »Sehr verehrte Damen und Herren« – und stutzt. Merkwürdig, keiner der Männer hat sich bemüßigt gefühlt, zu erscheinen, und in den ihm zugewandten Gesichtern der alten Frauen ist mehr Skepsis als Freundlichkeit zu finden. Doch es ist keine Zeit mehr, darüber nachzudenken. Zugegeben, was er von sich gibt, klingt ein wenig fahrig. Höchste Zeit, zum Ende zu kommen! So kündigt er abschließend mit dem Ausdruck größten Bedauerns an, dass in diesem Jahr auch der »Bunte Abend« leider, leider ausfallen müsse, und er fügt die – wie sich gleich herausstellen soll – fatalen Worte hinzu: »Ich bitte um Ihr Verständnis.«

In diesem Augenblick erhebt sich Volkes Zorn. Gerade dieses an sich harmlose Wort »Verständnis« bringt die alten Damen in Rage und löst eine angestaute Wut aus, die weit in Kindheit und Jugend zurückreicht. »Du willst nicht, dass wir dein Karnickel schlachten? Ja, ja, es gehört dir, aber das lässt sich nun mal nicht ändern, dafür sollte doch ein Kind deines Alters schon Verständnis haben. Sollen wir deinetwegen Hungerpoten saugen?« – »Im Sommer fährst du zu Tante Olga aufs Land, keine Widerrede! Die Ziegenmilch dort wird dir guttun und die frische Luft auch. Tante Olga ist ein bisschen sonderlich? Na und? Dafür musst du nun mal Verständnis haben, es gibt wirklich Schlimmeres im Leben.«

Später dann gingen die Worte »deutsch« und »Verständnis« eine enge Verbindung ein: »Du knutschst dich mit dem Nachbarjungen herum, wenn das dein Vater wüsste! Die Eltern sind doch halbe Zigeuner, so was schickt sich nicht für ein deutsches Mädchen, ich habe dich wirklich für verständiger gehalten.«

Sicher, der Weg zur deutschen Mutter war erstrebenswert und wurde nicht nur finanziell belohnt, sondern es galt auch als eine große Ehre, das Mutterkreuz zu erhalten. Da hatte die deutsche Mutter mindestens vier schwierige Geburten – je schwerer das Kind, desto ehrenvoller – und ein paar dazwischen gestreute Fehlgeburten schon verständnisvoll in Kauf zu nehmen. Im Laufe des Krieges wurde dann ein neues Idol geschaffen: Die deutsche Frau wurde nun die tapfere Kameradin des Mannes, die in den Rüstungsbetrieben schuften durfte, hinter den Scheinwerfern der Flak kauerte, als Nachrichtenhelferin dem Vaterland diente oder, wie erwartet mit fröhlichem Gesang, den Ostwall schippte, von dem man annahm, er werde die russischen Panzer aufhalten. Für diese oft gefährliche Wendung in ihrem Leben musste jede deutsche Frau einfach Verständnis haben. Gegen Kriegsende und kurz danach wurden viele von ihnen – manche noch halbe Kinder – nach Sibirien verschleppt und erlebten bereits auf dem Weg dorthin Unvorstellbares. Aber als sie schließlich nach mehreren Jahren, von Krankheit und schwerer Arbeit gezeichnet, in die Heimat zurückkehrten, hatte man dort längst ganz anderes im Kopf und nahm Katastrophen dieser Art eher gleichmütig hin. Verständlicherweise, wie man meinte, war man inzwischen zu sehr mit der Schaffung des Wirtschaftswunders beschäftigt und wollte nicht dauernd an Unerfreuliches erinnert werden. Im Übrigen hatten die deutschen Frauen sehr viel Verständnis für ihre

Männer aufzubringen, ihre beschädigten Seelen zu pflegen, die Kinder großzuziehen und das Geld zu verdienen.

Und jetzt kommt dieser Mensch da, der bestimmt seinen armen Eltern jahrelang auf der Tasche gelegen hat, mit diesem Wort! Zunächst halten sich Wut und Ärger noch in überschaubaren Grenzen und zeigen sich eher in Gemurmel und finsteren Blicken, mit denen sie den völlig baffen Heimleiter bedenken, wie auch in gehäuften Beschwerden über das Essen, das Lärmen des Pflegepersonals auf den Fluren während der Mittagsruhe, die undichten Fenster, deren ständige Zugluft die rheumatischen Beschwerden verstärkt.

Helmut Karge nimmt dies alles schließlich nur noch mit Gleichmut zur Kenntnis. Viel Sturm im Wasserglas, denkt er, die beruhigen sich schon wieder. Und das würden sie wahrscheinlich auch tun, wenn nicht die Hilfskraft Rudi wäre, ein verspieltes, achtzehnjähriges Kerlchen, das sich in feiernden Menschenmassen, wie Fanmeilen oder der Loveparade, sehr viel wohler fühlt als in der Schule und deshalb das Gymnasium vorzeitig verlassen musste, was seine Eltern ernsthaft daran zweifeln lässt, dass ein Kind zu haben wirklich das einzig Wahre im Leben sei. Rudi nun blüht förmlich in der gespannten Atmosphäre auf und findet es ungeheuer lustig, die alten Frauen ordentlich aufzumischen. Sie erziehen zwar gern an ihm herum, sind ihm aber auch sehr zugeneigt, so dass es ihm tatsächlich gelingt, sie zu einer Demonstration zu überreden. Er, ihr lieber Rudi, würde alles organisieren. Seine Begeisterung steckt sie an – endlich mal was los! Als Erstes holt er sich bei der zuständigen Revierwache die Genehmigung dafür. Als er sein Anliegen vorträgt, lächelt der Revierleiter milde und verweist ihn an den Sachbearbeiter für den öffentlichen Verkehrsraum. Auch der grinst, sieht aber keinen Grund, das Ansinnen einer Gruppe alter Damen abzulehnen. Mehr als fünfzig würden wohl kaum zusammenkommen, und bei dem nasskalten Novemberwetter würde das Ganze nach seinen Erfahrungen schon nach fünfzig Metern ein natürliches Ende finden. Trotzdem – man weiß nie, was sich daraus entwickelt, und so wird ein Streifenwagen zur Begleitung abgestellt.

Sogar an Plakate hat Rudi gedacht. Zunächst finden zwei seiner Entwürfe nicht den rechten Beifall, werden dann aber doch wohlwollend und altmodisch als ganz »spickig« befunden. Auf dem einen steht:

»Manche Politiker wollen immer glänzen, obwohl sie keinen Schimmer haben«, und auf einem anderen sogar ein Ausspruch von Martin Luther: »Für die Toten Wein, für die Lebenden Wasser. Das ist eine Vorschrift für Fische.« Dafür ist man von den beiden anderen Plakaten sehr angetan: »Wer nur der Politik vertraut, der hat sein Haus auf Sand gebaut!« und »Zweimal drei und eins sind sieben, wo ist unser Geld geblieben?« Sie bewundern ihren Rudi – »Was du so für Einfälle hast!«

»Man gibt sich Mühe«, sagt Rudi geschmeichelt und denkt, wie sehr seine Eltern darüber wieder den Kopf schütteln würden.

Eine Woche lang hüten die alten Frauen ihr großes Geheimnis, was ihnen zugegebenermaßen sehr schwer wird und dem Pflegepersonal wegen des vielen Getuschels auffällt. Helmut Karge will davon nichts hören. »Ach was, da ist nichts im Busch, Sie wissen doch, der November ist immer ein kritischer Monat.«

Jedoch seine Schutzbefohlenen marschieren tatsächlich an dem ihnen vorgegebenen Tag los, in wetterfester Kleidung und mit verwegenen

Hüten. Allerdings gibt es dann doch ein paar Abtrünnige, die ihre Lieblingssendung im Fernsehen nicht verpassen wollen. Es ist ein Novembertag, an dem Petrus nicht recht weiß, wie er den Tag gestalten will, und sich erst mal entschließt, die Sonne scheinen zu lassen, was die Stimmung der Aufmüpfigen sehr belebt.

Die Entfernung zwischen dem Heim und dem Rathaus der mittelgroßen Stadt ist nicht allzu weit, doch auf dem Weg dorthin wächst die Gruppe der Demonstranten beachtlich, angereichert mit Neugierigen, Jugendlichen und einigen schon etwas abständigen Herren, die dauernd fragen: »Wo ist denn hier nu' die neue Kneipe?«

Leider hat Petrus sich entschlossen, die Sonne wieder hinter dicken Wolken verschwinden zu lassen, aus denen es kräftig regnet. Der Fahrer des Streifenwagens hat inzwischen vorsichtshalber Verstärkung angefordert, während im Rathaus der Bürgermeister überlegt, wer von seinen Herren sich der Sache dort draußen annehmen soll. Lange braucht er nicht dazu – er übergibt das Ganze seinem Stellvertreter und der wiederum seinem Assistenten, Typ ewiger Jüngling mit Milchgesicht, der auch noch Knabe heißt und trotz fortgeschrittenen Alters immer noch von einer großen Karriere träumt.

Als die beiden Polizisten sehen, wen man da den Demonstranten zum Fraß vorgeworfen hat, grinsen sie sich an, und der Fahrer summt:

»Sah ein Knab ein Röslein stehn.«

Die Masse alter Menschen, die versammelt langsam näher und näher kommt, verunsichert den Volksvertreter, und er zischt einen der Polizisten an: »Macht doch mal was, die rücken uns ja richtig auf die Pelle.« Aber der zuckt nur mit den Achseln: »Wasserwerfer können wir ja wohl bei den Damen kaum einsetzen.« Und so ergreift der Politiker vom Dienst seufzend das Mikrofon und salbadert etwas von leeren Kassen, sinkenden Steuereinnahmen und abflauender Konjunktur, aber fügt beschwichtigend, wenn auch wenig glaubwürdig hinzu: »Doch das möchte ich hier noch einmal in aller Deutlichkeit sagen, nämlich, dass wir großes Verständnis für die Sorgen und Nöte unserer alten Mitbürger haben.«

In diesem Augenblick schließt sich der Kreis der Matronen um ihn, und eine gut im Futter stehende Seniorin fuchtelt mit einem Plakat so dicht vor seinem Gesicht herum, dass er nur die

Worte »... wo ist ... geblieben« erkennen kann. Der Volksvertreter zuckt zusammen, wird schneeweiß und beginnt zu taumeln. Die alten Frauen weichen erschrocken zurück. »Was ist mit dem Jungen? Ein Schlaganfall? Ein beginnender Herzinfarkt?« Nichts von all dem, er wird nur plötzlich von einer Kindheitserinnerung überwältigt, und er sieht sich wieder in der Wohnküche seiner Großeltern sitzen, in jener Zeit, als trotz beginnenden Wirtschaftswunders die meisten Familien noch sehr auf den Pfennig achten mussten. Er ist gerade von der Oma erwischt worden, als er nicht nur die für eine Woche gedachte Leberwurst vertilgt hat, sondern auch ein ganzes Glas Erdbeermarmelade. Noch jetzt spürt er förmlich den festen Griff seiner Großmutter, die ihn, den Teppichklopfer in der Hand, mit den Worten »Wo ist das alles geblieben?« packt, ohne einen Funken Verständnis für ihren geliebten Enkelsohn.

Nachwort

Das Alter lässt nicht mit sich handeln. Da kann der vom Jugendwahn Gebeutelte noch so oft an sich herumschnippeln lassen. Meist piesackt es einen dort, wo man es am wenigsten erwartet. Bei mir zum Beispiel traf es plötzlich meine bis dahin so üppige Phantasie. Während ich verbissen versuchte, den Stoff für dieses Buch in den Griff zu bekommen, flüsterte sie mir dauernd zu: »Mach doch mal Pause«, mein Gedächtnis wiederum, das mit Vorliebe altmodische Ausdrücke gespeichert hat, warnte mich alle Augenblicke: »Mich deucht, das hatten wir schon.« Denn nicht nur die Wortwiederholungen häuften sich.

Es war also ein mühsamer Start, der mich dazu verführte, dauernd mit jemandem darüber zu reden, was nicht unbedingt auf brennendes Interesse stieß, so dass Konrad Adenauers Spruch, »irgendwann werden alle menschlichen Organe einmal müde, nur die Zunge nicht«, viel Beifall bei meinen Freunden gefunden hätte.

Fast so ärgerlich war mein täglich launischer werdendes Gedächtnis, das das schöne Lied »Die Gedanken sind frei« völlig missverstand und sie in wichtigen Momenten selbst mich nicht erraten ließ. So stand ich denn vor dem Schrank, auf der Straße, im Geschäft, vor dem Schalter in der Bahnhofshalle, sah sinnend vor mich hin und fragte mich: »Was willst du eigentlich?« Die genervte Antwort des Beamten »Kommen Sie wieder, wenn Sie's wissen« erweckte den Zorn eines ritterlichen jungen Mannes hinter mir: »Man kann doch schließlich mal was vergessen«, und zu mir gewandt: »Denken Sie in aller Ruhe nach. So viel Zeit muss sein.«

Mein durch mehrere Unfälle und Krankheiten renitent gewordener Körper drängt sich nun auch mehr und mehr in den Vordergrund. Manchmal serviert er mir das ganze schmerzhafte Menü, Knochen, Gelenke, Herz, dann wieder begnügt er sich großherzig mit einem Gang, Stolpern zum Beispiel. Und schon habe ich wieder die Stimme von Eltern, Tanten und Onkeln im Ohr: »Kind, heb die Füße!« Natürlich versuche auch ich, wie die meisten meiner Altersgenossen, mithilfe von empfohlenen Wundermitteln und sonstigen Medikamenten aus einem alten Hasen wieder einen Springinsfeld zu machen. Leider bleibt der Erfolg recht mäßig.

Doch lassen wir deshalb den Kopf nicht hängen. Was wir früher nie zu Gesicht bekamen, nämlich Psychologen im Alter unserer Enkel, aber mit den Erfahrungen eines Methusalem, stehen uns nun in Büchern und Zeitschriften beratend und tröstend zur Seite. Sie wissen, wie man die Seele fit hält, damit man gelassen, zuversichtlich und stark bleibt, obwohl man das schon vorher nie gewesen ist, und künden uns ein Geschenk an, das für uns Alte bereitsteht, innere Reife mit ihren Tugenden Zufriedenheit und Toleranz. Ein wirklich wunderbares Geschenk. Aber bei mir ist es bis jetzt leider noch nicht angekommen. Wahrscheinlich bin ich eine Ausnahme und nicht die Regel. Doch wie hieß es schon im Krieg: Die Hälfte seines Lebens wartet der Soldat vergebens.

Jedenfalls fühle ich weder Toleranz noch Zufriedenheit bei der Feststellung, dass ich von Monat zu Monat umständlicher werde und für das, was ich mir vorgenommen habe, viel länger brauche als noch vor zwei, drei Jahren – und das in der heutigen Zeit, wo Flexibilität von Kind und Greis gleichermaßen erwartet wird! Die

Schwierigkeiten beginnen schon bei den ständig wechselnden Modewörtern. Hatte man gerade gelernt, dass man Fragen nicht mehr stellt, sondern aufwirft, etwas nicht mehr auf den Punkt bringt, sondern fokussiert, Höhepunkte Highlights nennt und Veranstaltungen Events, tauchen schon wieder neue auf: Was in aller Welt verkauft ein Entertainer-Händler? Die Flexibilität eines Betonmischers entwickle ich jedoch, wenn ich wieder einmal in einem jener Geschäfte gelandet bin, das seine Kunden mit ständigem Umsortieren zu erfreuen sucht. Was eben noch links in der Ecke zu finden war, steht jetzt ganz oben mitten auf dem Regal. Und so passiert es, dass ich, da meine Augen nicht mehr die allerbesten sind, statt des gewohnten Shampoos für das »seidenweiche Haar« eine Bräunungsmilch erwische, was ich dummerweise erst beim Haarewaschen merke. Meine Handflächen kann ich noch säubern, aber meine grauen Haare scheinen trotz heftigen Spülens von diesem Präparat entzückt zu sein, so dass sie einen Stich ins Senffarbene bekommen. Die sehr viel jüngere Nachbarin, der ich auf dem Weg zu unserem Hausbriefkasten begegne, sieht mich mit großen Augen an. »Ich weiß«, sage ich ohne jede Erklärung. »Ist es sehr auffällig?« Die Nachbarin ist eine von der diplomatischen Sorte, sie schüttelt den Kopf: »Es hat durchaus eine interessante Note.«

Je älter man wird, umso weniger hat man die Chance, sich der Beschaulichkeit hinzugeben, so wie sie in den Märchen zu finden ist, sozusagen mit dem Strickstrumpf in der Hand, in der Abendsonne sitzend, die Stille zu genießen. Katastrophen rundherum halten uns in Atem, und wie immer kommt es anders als man denkt. Der nette Besitzer eines Tabakladens, wo man gern hingeht, um den Lottoschein auszufüllen, bekommt ohne Vorwarnung einen Schlaganfall, und das als Marathonläufer, und trotz gesunder Ernährung und mäßigem Nikotin- und Alkoholgenuss. Einigermaßen zusammengeflickt kommt er nach Wochen wieder nach Hause und kennt, wie man von anderen Kunden hört, sein Schlafzimmer nicht wieder: Die geliebte Doppelcouch, die er jahrelang mit seiner verstorbenen Frau geteilt hat, ist verschwunden. An ihrer Stelle steht jetzt ein Pflegebett, in dem er, wie er vermutet, den Rest seines Lebens verbringen soll. Seine Kinder, auch nicht mehr die Jüngsten, versuchen ihn zu trösten. »Wir verstehen dich ja, aber es lässt sich halt nicht ändern. Du kannst unmöglich vom Pflegedienst verlangen, dass er dich jedes Mal von dieser niedrigen Couch hochhievt.«

Der Kranke reagiert bockig. »Kann ich wohl, wofür zahl ich ein Leben lang in irgendwelche Versicherungen, die der Staat uns aufbürdet? Die wollen nur nicht. Ich schwöre euch, sobald ich wieder auf den Beinen bin, verschwindet dieses Monster. Ich bin ja schließlich noch nicht alt, gerade mal dreiundsiebzig.« Oder: »Heute Nacht war ja wohl bei uns ordentlich was los, Polizei, Notarzt und Krankenwagen vor der Haustür!« – »Ja, die nette Dame vom zweiten Stock hat plötzlich Wahnvorstellungen bekommen, ist im Nachthemd auf den Hausflur gerannt und hat Hilfe, Hilfe gerufen.« – »Aber die ist doch noch ganz jung, höchstens fünfundsechzig!« – »Ja, manche trifft es eben früh.«

Wir haben tiefes Mitleid, gleichzeitig schauert es uns ganz angenehm, dass wir, die Uralten, so wie wir noch drauf sind, uns weit von solchen Schrecknissen entfernt fühlen. Im Gegenteil, man steht noch voll im Leben und entdeckt immer wieder Neues.

So interessiere ich mich für manches, woran

ich bislang noch keinen Gedanken verschwendet habe, und machte mir kürzlich ernsthafte Gedanken darüber, wovon ein Marienkäfer eigentlich lebt, als so ein kleines Vieh über meinen Schreibblock flitzte und Sekunden später in einem Papierwust verschwand. Eine halbe Stunde verbrachte ich mit dem Versuch, es vor dem, wie ich meinte, sicheren Erstickungstod zu retten, während in den Nachrichten gerade über den Tod von Hunderten von Menschen in einem Wirbelsturm berichtet wurde. Erstickt war das Marienkäferchen natürlich nicht, aber der Leim, auf dem es kleben blieb, war tödlich. Bestimmt hatte der Werbetexter bei dem Spruch »Im Falle eines Falles klebt Uhu einfach alles« nicht an einen Marienkäfer gedacht. Ehe ich weiter über die Nahrung dieses Tierchens grübelte, kam schon das nächste über meinen Handrücken gekrabbelt.

Zwangsläufig gibt es unter uns Uralten viele Kinderlose, Unverheiratete und Kriegerwitwen, und so werden wir häufig von den Familien bedauert, dass wir auf fürsorglichen Nachwuchs verzichten müssen. Natürlich können wir den Stolz von Großmüttern und Urgroßmüttern gut verstehen, die auf vierundzwanzig reizende Enkel und Urenkel blicken können. Wir erfreuen uns durchaus an den munteren Kleinen, wie sie, ein buntes Völkergemisch, in Parks, auf dem Rasen oder in der Spielecke herumtoben, schaukeln, Sand schippen oder etwas spielen, was in unserer Kindheit Räuber und Gendarm hieß. Und bei allen Vorurteilen gegen laute Kinder müssen wir zugeben, dass Wildheit, Gekreische und Ungezogenheit die normalen Grenzen nicht überschreiten. Trotzdem finde ich, dass Familie – die eigene natürlich ausgenommen – auch nicht immer das Wahre ist. In ihr herrscht die unwiderstehliche Neigung, sich gegenseitig mit Sticheleien auf die Palme zu bringen. Sie ist wie ein Gemüseeintopf – manche Gemüsesorte schmeckt man kräftig durch, der Rest wird gar nicht wahrgenommen. Aber eine interessante Gemeinschaft ist sie auf jeden Fall, sonst wäre sie nicht seit Jahrhunderten der Lieblingsstoff vieler Autoren. Harmonie wird zwar großgeschrieben, setzt sich aber nicht immer durch.

»Wo ist eigentlich mein Salzstreuer?«

»Den hat sich deine Enkeltochter mitgenommen. Während du in der Reha warst, haben wir hier mal beide so richtig klar Schiff gemacht. Sie fand diesen Porzellanmops einfach megageil.

Außerdem hast du mindestens noch fünf ähnliche Scheußlichkeiten im Küchenschrank.«

»Es ist mein Mops, und du bringst ihn mir auf der Stelle zurück, sonst …«

»Ja, ja ich weiß, sonst änderst du das Testament. Aber wer hat mich denn gefragt, mit was du deiner Enkeltochter eine Freude machen kannst? Das warst doch wohl du. In letzter Zeit regst du dich wirklich über alles und nichts auf.«

Wenn man uns Alleinstehenden, Kinderlosen klagend von den chronischen Grabenkämpfen zwischen Eltern, Kindern und Geschwistern berichtet, stellt man erleichtert fest, dass einem doch eine Menge Unerfreuliches erspart geblieben ist. Wir brauchen jedenfalls nicht bei jeder Gelegenheit zu betonen, dass wir unseren Kindern auf keinen Fall zur Last fallen wollen, um uns dann wahnsinnig aufzuregen, wenn sie uns nicht zumindest einmal in der Woche anrufen.

Fernere Verwandtschaft übrigens ist, wenn Hilfe nottut, selten von Nutzen. Wenn sie überhaupt auftaucht, ist sie mehr auf Familienklatsch eingestellt als auf Hilfeleistung. Erst bei der Verabschiedung bekommt man zu hören: »Du siehst wirklich ziemlich mitgenommen aus, aber du weißt ja, ruf an, wenn du uns brauchst.«

Menschen hingegen, mit denen man weder verwandt noch befreundet ist, kümmern sich rührend um einen, sogar wenn ihnen selbst das Wasser bis zum Halse steht, und sie tun es ohne viele Worte. Ja, sie sind sogar bereit, sich unsere Lebensweisheiten inklusive Lebensgeschichte anzuhören. Selbst in den kniffligsten Situationen habe ich gerade von unerwarteter Seite Beistand gefunden. Um darüber zu berichten, würde dieses ganze Buch nicht ausreichen.

Mit zunehmendem Alter sagen wir uns oft selbst gern und hören von anderen: »Da hast du wirklich Glück gehabt«, oder: »Da kannst du noch froh sein.« Es stimmt, Glück haben wir Alten oft gehabt – schon allein, dass wir den ganzen Schlamassel in Kriegs- und Nachkriegszeit einigermaßen überstanden haben. In die Welt zu ziehen, um das Fürchten zu lernen, wie es die Jungen gern mithilfe von Abenteuerurlaub tun, brauchten wir nicht. Aber ob wir trotzdem Grund haben, uns glücklich zu schätzen, sei dahingestellt. Dazu sind die einzelnen Schicksale zu unterschiedlich. Einige von uns können sich noch den »Rentnerstress« leisten nach dem Motto: »Heute noch in St. Petersburg, morgen auf der Intensivstation.« Sie können noch in schneidigem Tempo über die Autobahn rasen, sich in Universitäten der Forschung hingeben und mit jungen Studenten dem Vortrag des Professors lauschen. Andere wiederum müssen schon heilfroh über einen schmerzfreien Tag sein. Dazu hat jeder seine eigene Vorstellung von Glück. Unsere Generation musste sich in Kriegs- und Nachkriegszeit in einem Ausnahmezustand einrichten. Die Regeln, die man damals zum Überleben brauchte, haben ihre Gültigkeit verloren, und eigene Erfahrungen kann man schwer vermitteln, sonst sähe es in der Welt sicher besser aus. Und so lächeln wir nur milde, wenn sich die Jungen über die geplante verlängerte Arbeitszeit entrüsten, und wir denken: Bis Anfang dreißig auf der Universität, ab Mitte fünfzig in den Vorruhestand – wer soll das bezahlen, wer hat so viel Geld …

Gleichzeitig hoffen wir inständig, dass den Jungen viele unserer Erfahrungen erspart bleiben. So manches, uns Alte nicht ausgenommen, gerät zu schnell in Vergessenheit – etwa, dass wir nur gelegentlich an etwas denken, was uns in den Nachkriegsjahren ungeheuer beschäftigt hat: dass es eine Grenze mitten durch Deutschland gab, die alten Eltern verwehrte, was sie sich am glühendsten wünschten – noch einmal vor dem Tod ihre Kinder zu sehen. Borniertheit und Bürokratie haben das in vielen Fällen verhindert. Sicher wissen wir den vorher nie gekannten Wohlstand sehr zu schätzen, eine Wohnung ohne Bad, das Klo auf halber Treppe können wir uns kaum noch vorstellen. Auf unseren Komfort möchten wir keinesfalls verzichten, was uns nicht daran hindert, immer wieder mit einem gewissen Unterton darauf hinzuweisen, wie genügsam wir gelebt haben und sich der Spruch bewahrheitet habe: »Raum ist in der kleinsten Hütte für ein glücklich liebend Paar.«

Die Erinnerung ist das einzige Paradies, aus dem wir nicht vertrieben werden können, sagt Jean Paul. Aber da hat der Dichter wohl nicht an die Kriegsgeneration gedacht und an das, was sie erleben musste, was sie bis ins hohe Alter verfolgte. Für mich allerdings gilt des Dichters Wort. Mein Paradies ist die Erinnerung an die unzerstörte Natur, in der ich Kindheit und Jugend verbrachte und die es immer weniger gibt. Für uns Landkinder war sie damals so selbstverständlich wie Wasser aus der Pumpe, das für den Ofen in Scheite gehackte Holz und aus Sparsamkeit ungeheizte Zimmer. Zum Frühling gehörten die tschilpenden Spatzen im Efeu, nach Fliegen jagende Schwalben, Dutzende von trillernden Lerchen, der schmetternde Gesang des Rohrspatzes, das Klappern der Stare, der Ruf des Kuckucks und der Kiebitze, dazu Grillengezirpe, Froschkonzerte, Hunderte von Leuchtwürmchen, die über Büsche und Sträucher tanzten; zum Sommer die knisternde Hitze, die schnell den Rasen versengte und dem Wald nicht guttat, die Gewitterstimmung, wenn sich schwarze Wolken langsam über dem See zusammenzogen, völlige Windstille herrschte, kein Blatt sich am Baum regte und nur noch das Plätschern der Fische zu hören war, die nach den nun niedrig über das Wasser tanzenden Insekten sprangen. Im Herbst brannten Kartoffelfeuer auf den Feldern, sammelten wir Beeren und Pilze und halfen, Pflaumen und Äpfel zu ernten. Der Winter dagegen kam meist sehr unangenehm daher: mit endlosem Regen, Matsch und riesigen Pfützen, und das mit Vorliebe in der Weihnachtszeit. Aber im Januar holte er seine Versäumnisse nach: Es wurde knackig kalt und die Seen froren endlich zu, damit wir uns auf ihnen tummeln konnten.

Die Natur war für uns ein riesiger Spielplatz

mit einem weiten Himmel, an dem kaum ein Flugzeug zu sehen war, aber Kraniche und Wildgänse zogen und Habichte und Bussarde kreisten. Wir ließen unserer Phantasie freien Lauf und bevölkerten beim Herumstromern Feld und Flur mit den Helden aus unseren Büchern, in die wir uns gern verwandelten. Ich seufze vor mich hin. Das ist nun alles vorbei, das Virtuelle beherrscht jetzt – ebenso wie die Technik – unsere Welt. Wenn ich dann dieser Zeit zu sehr nachtrauere, fällt mir oft eine blutjunge Engländerin ein, mit der ich in Davos in einer Lungenheilstätte das Zimmer teilte. Sie hatte einen großen Eingriff hinter sich. Bei örtlicher Betäubung – das war bei dieser Operation früher üblich – waren ihr sieben Rippen entfernt worden. Kaum auf den Beinen, verlor sie beim Zähneputzen einen kostbaren Stiftzahn. Sie zuckte die Achseln und lachte: »You can't have everything!«

Machen wir also den Versuch, nach dem leicht abgewandelten Spruch des Dichters Christian Fürchtegott Gellert zu leben: »Genieße, was dir Gott beschieden, entbehre gern, was du nicht hast, ein jedes Alter hat seinen Frieden, ein jedes Alter hat seine Last.«